PARERGA

24/6↑

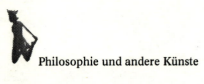
Philosophie und andere Künste

Norbert Campagna

Niccolò Machiavelli

Eine Einführung

PAR**E**RGA

Bibliografische Information Der Deutschen Bibliothek

Die Deutsche Bibliothek verzeichnet diese Publikation
in der Deutschen Nationalbibliografie;
detaillierte bibliografische Daten sind im Internet
über http://dnb.ddb.de abrufbar.

Erste Auflage 2003
© Parerga Verlag GmbH, Berlin
Alle Rechte vorbehalten – Printed in Germany
Satz: Stefan Steiner, Köln
Umschlaggestaltung: Martin Schack, Dortmund
Herstellung: WB-Druck, Rieden am Forggensee
ISBN 3-930450-75-5

Inhalt

Vorwort 9

I. Der Mensch 15

    Einleitung 15
1. Die Entstehung der ersten menschlichen Gemeinschaften 16
2. Die Undankbarkeit und die Grenzen der menschlichen Bosheit 23
3. Der Notwendigkeit entgehen, undankbar zu sein ... 33
4. Die Gerechtigkeit 43
5. Der Ehrgeiz 53
6. Schlußbemerkung 60

II. Wohl- und schlechtgeordnete Gemeinwesen 63

    Einleitung 63
1. Die natürliche Feindschaft zwischen den Mächtigen und den Entmachteten 65
2. Die natürlichen Feindschaften in Rom und Florenz 72
3. Die guten Institutionen 78
4. Die Außenpolitik 87
5. Der Untergang der wohlgeordneten Republik 95
6. Die Reform der schlechtgeordneten Republik Florenz: Unbewaffnete und bewaffnete Propheten 101
7. Schlußbemerkung 107

III. Der ordnende Fürst 109

    Einleitung 109
1. Die Arten von Fürstentümern 111
2. Italien und Florenz als Gestaltungsaufgaben eines *principe nuovo* 117
3. *Principe nuovo* und Tyrann 125
4. Die Religion und die Waffen 136

5.	Die Fortuna	144
6.	*Patria vs. anima*	153
7.	Schlußbemerkung	167

Anmerkungen 167

Machiavellis Leben 171

Literaturhinweis 175

Begriffsregister 177

Vorbemerkung zur Zitierweise

Als Textgrundlage habe ich folgende Ausgabe benutzt: Niccolò Machiavelli, *Tutte le opere*. A cura di Mario Martelli. Sansoni. Firenze 1992. Entgegen dem Wortlaut des Titels, enthält diese Ausgabe allerdings nicht wirklich *alle* Schriften Machiavellis. So fehlen u.a. einige Gesandtschaftsberichte. Mit ihren über 1200 Textseiten – mit zwei Textkolonnen pro Seite, was das Lesen doch etwas mühsam macht – ist sie aber sicherlich die vollständigste einbändige Machiavelli-Ausgabe auf dem Markt. Allerdings muß man das Fehlen eines kritischen Apparates in Kauf nehmen.

Alle Zitate wurden von mir selbst aus dem Italienischen übersetzt. An manchen Stellen wurde das italienische Wort oder der italienische Ausdruck in Klammern hinzugefügt. Die Sprache Machiavellis unterscheidet sich in einigen Punkten vom heutigen Italienischen, und sei es nur, weil bestimmte Begriffe – man denke hier vor allem an *stato* – zur damaligen Zeit eine ganz andere Bedeutung hatten als heute.

Im Falle der Briefe und anderer kleinerer Schriften wurden die Zitate durch die Buchstaben TO (Tutte le opere) gefolgt von der Seitenzahl der Martelli-Ausgabe gekennzeichnet. Für die vier Hauptwerke Machiavellis wurden folgende Sigel benutzt:

P: *Il Principe*. Angabe der Kapitelnummer und der Seitenzahl.
D: *I Discorsi*. Angabe der Buch- und Kapitelnummer und der Seitenzahl.
IF: *Istorie fiorentine*. Angabe der Buch- und Kapitelnummer und der Seitenzahl.
AG: *Dell'Arte della Guerra*. Angabe der Buchnummer und der Seitenzahl.

Vorwort

In einem Brief an Francesco Vettori vom 9. April 1513 stellt Machiavelli fest, daß er weder von der Seiden- noch von der Wollkunst und weder von den Gewinnen noch von den Verlusten sprechen kann und daß ihm nur das Nachdenken über die politische Herrschaft (ragionare dello stato) bekommt (TO: 1131). Als er diesen Brief verfaßt, hat Machiavelli Zeit, sich dem Nachdenken über die politische Herrschaft zu widmen. Am 7. November 1512 hatten nämlich die Medici wieder die Herrschaft über Florenz errungen, was für Machiavelli eine Enthebung aller seiner Ämter bedeutete. Als hoher Beamter der republikanischen Signoria war er den neuen Machthabern suspekt.

Aber es sollte noch schlimmer kommen: Am Anfang des Jahres 1513 wird Machiavelli verdächtigt, an der Vorbereitung eines Komplottes gegen die Medici mitbeteiligt gewesen zu sein. Er wird zunächst eingekerkert und gefoltert, kommt aber dann in den Genuß einer Amnestie. Es ist dieser geschlagene Machiavelli, der den eben zitierten Brief an Vettori schreibt.

Zurückgezogen auf seinem kleinen Landgut von Sant' Andrea in Percussina, in der Nähe von Florenz, hat Machiavelli Zeit, über seine lange – vierzehnjährige – politische Erfahrung nachzudenken. Dieses Nachdenken führt er aber nicht allein, sondern umgeben von zahlreichen Persönlichkeiten, mit denen er sich abends unterhält, wie er es in einem berühmten Brief vom 10. Dezember 1513 an Vettori berichtet: „Wenn der Abend gekommen ist, kehre ich nach Hause zurück und betrete mein Schreibzimmer; und am Eingang entledige ich mich meiner Alltagskleider, die voller Schmutz und Dreck sind, und ziehe königliche und kuriale Kleider an; und derart geziemend angezogen, trete ich in die antiken Höfe der antiken Männer ein, wo ich dann, von ihnen mit Liebe empfangen, mich jener Nahrung erfreue, die nur meine ist und für die ich geboren wurde; und dort schäme ich mich nicht, mich mit ihnen zu unterhalten, und sie nach den Gründen ihrer Handlungen zu fragen; und aus Menschenliebe antworten diese mir; und während vier Stunden lang verspüre ich keine Langeweile, vergesse ich jede Sorge, habe ich keine Angst mehr vor der Armut, beunruhigt mich der Tod nicht mehr: ganz versetze ich mich in sie" (TO: 1160). Aus diesen abendlichen Gesprächen, so Machiavelli weiter, ist das Traktat *De principatibus* hervorgegangen, jenes kleine Buch also, das zugleich den Ruhm, wie auch den schlechten Ruf Machiavellis begründen sollte.

Es ist also ein vom politischen Alltagsleben isolierter Machiavelli, der während der Jahre 1513 bis 1517 zwei der bedeutendsten Schriften der politischen Philosophie verfassen wird: Den *Principe*, von dem soeben die Rede war, und die *Discorsi sopra la prima deca di Tito Livio*. Während Jahrhunderten haben die Leser Machiavellis sich die Frage gestellt, wie diese beiden Hauptwerke des Florentiners eigentlich aus ein und derselben Feder stammen konnten. Während nämlich in den *Discorsi* die republikanische Regierungsform anscheinend als ein absolutes Ideal dargestellt wird, befaßt Machiavelli sich im *Principe* mit den Wegen und Mitteln, die es einem Fürsten erlauben, seine Macht zu begründen und zu festigen. Wie kann man aber gleichzeitig ein Buch zum Ruhm der Republik schreiben und dann in einem anderen Buch den Totengräbern der republikanischen Regierungsform Ratschläge geben, wie sie sich anlegen müssen, wenn sie ihre fürstliche Herrschaft etablieren wollen?

Wie berechtigt diese Frage vielleicht sein mag, wenn man die Schriften Machiavellis ganz oberflächlich liest – und das haben viele, wenn nicht sogar die meisten der frühen Gegner Machiavellis getan, vom Engländer Reginald Pole bis zu Friedrich II. von Preußen, und zum Teil sogar noch darüber hinaus[1] –, so läßt eine genauere Lektüre dieser Schriften erkennen, daß ihnen eine Grundsorge gemeinsam ist, nämlich die Sorge um die gute Ordnung des Gemeinwesens oder, in der Sprache Machiavellis formuliert, die Sorge um das *vivere civile*. Wo die Menschen gemäß der Idee des *vivere civile* leben, versuchen sie die unvermeidlichen sozialen Konflikte in einem Geist der Mäßigung, ohne Rückgriff auf Gewalt und auf gesetzlichem Wege zu lösen. Dieses *vivere civile* ist die dem Menschen eigene Art und Weise zu leben. Somit läßt sich die Grundsorge Machiavellis auch als Sorge um ein dem Menschen gemäßes soziales Leben kennzeichnen. In dieser Hinsicht ist Machiavellis Anliegen ein humanistisches. Er will den Menschen aus dem endlosen Strudel der Gewalt befreien, wenn nicht endgültig – die Erde kann nicht zum Paradies werden –, so doch wenigstens so weit und so lange wie möglich.

Problematisch wird die Sache aber, wenn man nach den Bedingungen der Möglichkeit des *vivere civile* fragt. Im Gegensatz zur aristotelischen Tradition geht Machiavelli nicht von einer ursprünglich sozialen Natur des Menschen aus. Der Mensch ist in seinem Wesen ein ehrgeiziges Wesen, das, wenn es sein muß, durchaus bereit ist, andere Menschen zu verletzen, um seinen Ehrgeiz zu befriedigen. Dadurch ist aber das *vivere civile*, das die Individuen vor eben solchen Verletzungen bewahren soll, gefährdet. Denjenigen, die das *vivere civile* weiterführen wollen, stehen diejenigen gegenüber, deren Ehrgeiz durch das *vivere civile* behindert wird. Was für die einen ein Schutzwall ist, ist für die anderen ein Hindernis.

Aus dieser stets möglichen Gefährdung des *vivere civile* ergibt sich die Frage nach den Mitteln die notwendig sind, um das *vivere civile* zu schützen, wo es unmittelbar gefährdet ist bzw. um es einzurichten, wo es noch nicht existiert bzw. um es neu einzurichten, wo es nicht mehr existiert. Und genau bei der Antwort auf die Frage nach diesen Mitteln, öffnet Machiavelli jene Tür, die uns eine Welt des Bösen offenbaren wird. Wer die das *vivere civile* gefährdenden Mächte des Bösen wirksam bekämpfen will, der muß bereit sein, gegebenenfalls selbst böse Handlungen zu vollbringen, also Handlungen, die von der traditionellen Moral verurteilt werden. Dem Meineid muß er gegebenenfalls mit Meineid begegnen, dem Mord gegebenenfalls mit Mord. Er muß gegebenenfalls darauf verzichten, nur Mensch zu sein, um auch Fuchs und Löwe zu werden. Die politische Verantwortung verlangt also manchmal von ihrem Träger, daß er sich zu einem Bösen macht und dadurch dann auch sein Seelenheil aufs Spiel setzt. Aber dieses Opfer bringt er um des *vivere civile* willen. Er schafft eine Welt, in welcher alle Individuen ein menschliches Leben führen können und in der sie es nicht nötig haben, auf private Gewalt zurückzugreifen, um sich zu verteidigen. Der politisch Verantwortliche ist böse, damit die anderen Menschen gut sein können. Anstatt in Machiavelli den Totengräber der Moral zu sehen, sollte man in ihm eher einen Denker sehen, der die Bedingungen der Möglichkeit eines nicht selbstzerstörerischen moralischen Handelns herstellen will. Auch wenn für uns diese Bedingungen der Möglichkeit ein Selbstverständnis geworden sind – aber sind sie es wirklich noch, wenn man das Zunehmen der gewalttätigen Handlungen betrachtet –, waren sie alles andere als selbstverständlich zur Zeit Machiavellis.

In einem Brief an Francesco Guicciardini vom 17. März 1521 schreibt Machiavelli, er glaube „dies sei der richtige Weg, um ins Paradies zu gehen: Den Weg der Hölle lehren, um ihm auszuweichen" (TO: 1250). Der Kontext, in dem diese Bemerkung steht, könnte darauf hindeuten, daß sie nicht ohne ironischen Hinterton gemeint ist. Aber wie dem auch sei, man kann sie zum Teil auf Machiavellis Werk anwenden. Wenn die Menschen sich nicht plötzlich in einer Situation befinden wollen, in der ihr Überleben oder die Bewahrung ihrer Freiheit sie vor die Notwendigkeit stellt, böse zu handeln, und dadurch nicht nur ihr Seelenheil, sondern auch das *vivere civile* als solches aufs Spiel zu setzen – denn man kann sich an Gewalt gewöhnen –, müssen sie lernen, wie solche Situationen entstehen können, damit sie sie vermeiden können.

Ob in einer Republik oder in einem Fürstentum, das Ziel ist immer das *vivere civile*. „Die Großen nicht verzweifeln und das Volk zufriedenstellen und es glücklich halten" (P XIX: 285), dieser an den Fürsten gerichtete Rat gilt eigentlich für jedes Gemeinwesen. Die Großen sollen nicht aus Angst vor dem Verlust ihrer Würde böse werden, und das Volk soll es nicht aus Haß auf seine möglichen Unterdrücker werden. In einer Republik müssen die Großen und das Volk sich gegenseitig kontrollieren, in einem Fürstentum ist es der Fürst, der für die Hegung des Konfliktes zuständig ist und der selbstverständlich nicht selbst Angst oder Haß einflößen darf. Wo der Fürst die Interessen der Großen und des Volkes berücksichtigt und wo die Großen und das Volk die legitimen Interessen der anderen Seite respektieren, ist ein *vivere civile* möglich. Wenn jeder sich „mit jener Bescheidenheit (modestia) zufriedengibt, nach welcher das gesellschaftliche Zusammenleben (vita civile) verlangt" (IF II, 39: 687; die Bemerkung bezieht sich allerdings dort nur auf die Großen), können alle anderen beruhigt sein, und brauchen keine Angst um ihre Freiheit, ihren Besitz oder ihr Leben zu haben.

Der große italienische Philosoph Benedetto Croce hat in seinem Buch *Etica e politica* gemeint, Machiavelli habe sich nach einer unerreichbaren Gesellschaft guter und reiner Menschen gesehnt.[2] Das Modell für diese Gesellschaft, so Croce weiter, hat Machiavelli einer längst vergangenen Epoche entnommen. Damit spielt Croce selbstverständlich auf Rom an. Als er sich am Abend in sein Schreibzimmer zurückzog, um sich mit antiken Männern aus antiken Zeiten zu unterhalten, zog Machiavelli sich hauptsächlich in die römische Welt zurück. Aus Rom wurde somit eine Kontrastfigur zu Florenz und Italien. Das alte Rom hatte eine gute Ordnung, Florenz und Italien leiden unter einer schlechten Ordnung. Zur Zeit der Republik wurden in Rom die sozialen Konflikte auf eine zivilisierte Weise ausgetragen, in Florenz und Italien herrscht eine nicht mehr enden wollende Gewalt.

Aus dieser Gegenüberstellung von Modell und Wirklichkeit ergibt sich für Machiavelli die Herausforderung, geeignete Wege zu finden, um die Wirklichkeit dem Modell anzupassen oder es doch zumindest dem Modell zu nähern. In seiner aufgezwungenen Zurückgezogenheit kann Machiavelli nicht selbst an dieser Anpassung arbeiten. Aber er kann schreiben und lehren: „Denn es ist die Pflicht eines guten Menschen, anderen jenes Gute beizubringen, welche Du wegen der Schlechtheit der Zeiten oder der Boshaftigkeit der Fortuna selbst nicht bewerkstelligen kannst, damit, wenn viele dazu fähig sind, einer, den der Himmel mehr liebt, es tun kann" (D II, Einleitung: 146). Schlechte Zeiten und eine boshafte Fortuna haben Machiavelli ins Exil nach Sant'Andrea geführt. Von dort will er den Menschen beibringen, ein Gemeinwesen zu schaffen, in dem ein guter Mensch die Möglichkeit hat, das *vivere civile* nicht nur durch gute Ratschläge zu fördern, sondern auch durch das unmittelbare politische Engagement.

I. Der Mensch

Einleitung

Wie es bei allen großen politischen Denkern der Fall ist, beruht auch Machiavellis politisches Denken letztendlich auf bestimmten anthropologischen Prämissen. Wenn das Gemeinwesen und seine angemessene Organisation zu einem Denkgegenstand wird, so hängt dies in allererster Linie damit zusammen, daß das „Grundmaterial", aus dem das Gemeinwesen besteht – also die Menschen aus Fleisch und Blut –, ein Problem darstellt. Aufgabe der Politik ist es, dieses Problem zu lösen. Und es dürfte klar sein, daß die der Formulierung des Problems zugrundeliegenden Voraussetzungen einen erheblichen Einfluß auf die Lösung des Problems haben werden. Wer den Menschen als ein von Natur aus gutes – vor der Gewaltanwendung gegenüber seinesgleichen zurückschreckendes – Wesen betrachtet, wird zu anderen Lösungen des Problems des menschlichen Zusammenlebens kommen als jemand, der im Menschen ein von Natur aus böses – zur Gewaltanwendung gegen seinesgleichen bereites – Wesen sieht.

In diesem ersten Kapitel wollen wir uns mit einigen der wichtigsten anthropologischen Grundprämissen Machiavellis befassen. Der Ausgangspunkt unserer Überlegungen wird eine Passage aus den *Discorsi* sein, in welcher Machiavelli dem Leser einen Rekonstruktionsversuch der Entstehung der ersten menschlichen Gemeinschaften vorstellt. Uns wird dabei nicht so sehr die Rekonstruktion als solche interessieren, sondern vielmehr die Tatsache, daß sie eines der problematischsten Phänomene des menschlichen Zusammenlebens beim Namen nennt: Die Undankbarkeit. Diese wird das Thema des zweiten Teils dieses ersten Kapitels sein. Im dritten Teil werden wir dann zeigen, wie Machiavelli sich bemüht, den Menschen Wege zu zeigen, um eine Situation zu vermeiden, in denen die Undankbarkeit zu einer Notwendigkeit wird. Damit wird auch eines der Grundanliegen Machiavellis benannt: Die Menschen davor zu warnen, Situationen zu schaffen oder entstehen zu lassen, in denen sie böse handeln müssen. Eigentlich sollten die Menschen, wenn sie als Menschen und nicht als Tiere handeln wollen, immer gerecht handeln. Doch worin besteht die Gerechtigkeit? Auf diese Frage werden wir im vierten Teil des Kapitels eingehen. Der letzte Teil wird dann noch einen Schritt hinter die Undankbarkeit zurückgehen, um dort die Wurzel alles Übels aufzudecken: Der Ehrgeiz. Würde niemand aus Ehrgeiz böse sein, dann müßte niemand aus Notwendigkeit böse sein. Die Notwendigkeit des Bösen in der Politik ist somit in einer Eigenschaft der menschlichen Natur verankert.

1. Die Entstehung der ersten menschlichen Gemeinschaften

Im Gegensatz zu vielen anderen politischen Philosophen der Neuzeit – man denke hier vor allem an Hobbes, Locke oder Rousseau – hat Machiavelli kein systematisches Bild des Naturzustandes und des in ihm lebenden Menschen gezeichnet, jenes Menschen also, den das zwangsbewehrte Gesetz noch nicht gezähmt hat (Hobbes) oder den die Gesellschaft noch nicht verdorben hat (Rousseau).

Diese Abwesenheit eines Bildes des im natürlichen Zustand lebenden Menschen schließt aber nicht aus, daß uns auch Machiavelli etwas über den Menschen an sich mitteilen will. Mag der Mensch auch immer schon volles Mitglied eines bestimmten Gemeinwesens sein und demnach auch mehr oder weniger durch das Leben in diesem Gemeinwesen geprägt sein, so hat er doch eine ihm eigene Natur, und diese besteht vor allem in einer bestimmten Menge von Begierden und Leidenschaften. Diese sind ihm mit seiner menschlichen Natur gegeben, und auch wenn sie sich nicht unbedingt immer und überall ausdrücken, so bleiben sie doch als Bestandteile der menschlichen Natur erhalten und können sich zu jedem Zeitpunkt wieder zu Wort melden – vorausgesetzt, die Bedingungen sind so, daß sie einen solchen Ausdruck ermöglichen, wenn nicht sogar fördern. Machiavelli zufolge kann der Mensch nicht über den Schatten seiner natürlichen Begierden und Leidenschaften springen, sondern er muß lernen, mit ihnen zu leben, aber so, daß dadurch auch ein geordnetes Zusammenleben mit den anderen Menschen möglich wird. Nicht die Leidenschaften und Begierden als solche sind schlecht, sondern schlecht ist nur die Art und Weise, wie sie sich ausdrücken – und damit indirekt auch die Institutionen, die einen solchen schlechten Ausdruck der Leidenschaften und Begierden möglich machen. Wer das Zusammenleben der Menschen in einem Gemeinwesen ordnen will, sollte demnach zunächst versuchen, die Begierden und Leidenschaften kennenzulernen, die in der Abwesenheit von Gegenkräften das menschliche Handeln in eine schlechte Richtung lenken werden.

Gleich zu Beginn der *Discorsi* finden wir eine Passage, in der Machiavelli vom Anfang des Zusammenlebens in Gemeinschaften spricht. Aus dieser relativ kurzen, aber nichtsdestotrotz außerordentlich ergiebigen Passage, läßt sich eines der Grundprobleme der politischen Philosophie Machiavellis herauskristallisieren. Es handelt sich dabei um das Problem der Undankbarkeit und, allgemeiner noch, um das Problem des *offendere*, des Einanderverletzens. Wo Menschen in Gemeinschaften zusammenleben, neigen sie unter bestimmten Umständen dazu, einander zu verletzen. Es könnte dabei der Eindruck entstehen, als ob das Sich-gegenseitig-Verletzen dem menschlichen Zusammenleben inhärent wäre, als ob, mit anderen Worten, Menschen, die zusammen leben, nicht darum herumkommen, einander zu verletzen. Die Grundaufgabe der Politik wird demnach darin bestehen, dieser Neigung entgegenzuwirken, und zwar durch die Schaffung eines institutionellen Rahmens, der die Menschen davon abhalten kann, einander zu verletzen. Die Herrschaft (governo), so Machiavelli, ist „nichts anderes, als die Untertanen so zu halten, daß sie Dich weder verletzen können noch zu verletzen brauchen" (D II, 23: 179). Man könnte dementsprechend das durch Gesetze geordnete Zusammenleben – das *vivere civile* – als eine Art des menschlichen Zusammenlebens definieren, in dem die Menschen einander weder verletzen können noch zu verletzen brauchen. In einem vollkommen wohlgeordneten Gemeinwesen, ob Fürstentum oder Republik, können die Menschen einander nicht verletzen, und sie brauchen es nicht zu tun. Ein solches Gemeinwesen ist aber nur eine regulative Idee, denn in der realen Welt wird es wahrscheinlich niemals möglich sein zu verhindern, daß ein Mensch einen anderen Menschen verletzt. Wo aber diese Möglichkeit besteht, kann es auch vorkommen, daß Menschen andere Menschen verletzen müssen, um sich vor deren Verletzungen abzusichern. Nur wo ein geeigneter Rahmen besteht und wirksam ist, herrscht die Gerechtigkeit.

Bevor wir genauer auf die Notwendigkeit zu verletzen eingehen, wollen wir uns die Passage der *Discorsi* etwas genauer ansehen, in welcher Machiavelli auf die Entstehung der ersten menschlichen Gemeinschaften eingeht. Zitieren wir sie zunächst *in extenso*, um sie dann in diesem und den nächsten Teilen des Kapitels aufzuschlüsseln: „Am Anfang der Welt, da es ihrer nur sehr wenige gab, lebten die Einwohner verstreut, ähnlich den Tieren; sodann, als sie sich fortpflanzten und zahlreicher wurden, kamen sie zusammen und, damit sie sich besser verteidigen konnten, begannen sie nach demjenigen unter sich Ausschau zu halten, der am stärksten und mutigsten war, und setzten ihn an ihre Spitze und gehorchten ihm. Hieraus entsprang die Erkenntnis der ehrbaren und guten Dinge, die sich von den schlechten und bösen unterscheiden: Denn, da sie feststellten, daß wenn jemand seinem Wohltäter Schaden zufügte, Haß und Mitleid zwischen den Menschen entstanden, richteten sie Vorwürfe an die Undankbaren und lobten sie diejenigen, die dankbar waren, und da sie dachten, daß auch sie ein solcher Schaden treffen konnte, sie aber ein solches Übel fliehen wollten, sahen sie sich gezwungen, Gesetze zu machen und Strafen für diejenigen vorzusehen, die diesen Gesetzen zuwiderhandelten: hieraus erwuchs die Erkenntnis der Gerechtigkeit." (D I, 2: 79-80).

Uns interessiert hier nicht die historische Richtigkeit dieser Beschreibung und auch nicht, ob Machiavelli eine solche Richtigkeit überhaupt beanspruchte. Was uns hier lediglich interessiert, ist ihre Relevanz für ein angemessenes Verständnis von Machiavellis politischer Philosophie. Es wird sich zeigen, daß diese kurze Passage einige der Themen erwähnt, die in einem gewissen Sinne die Grundstruktur des politischen Denkens des Florentiner bilden. Die Probleme, die sich am Anfang des gemeinschaftlichen Lebens stellten, sind nämlich Probleme, die man in jeder Gemeinschaft wiederfindet, was sich daraus erklärt, daß sie mit dem Wesen des Menschen zusammenhängen. Wer diese Probleme endgültig lösen will, der muß schon die Natur des Menschen radikal verändern.

Sehen wir uns den ersten Teil der Passage etwas genauer an. An erster Stelle können wir zurückbehalten, daß Machiavelli hier keinen genauen Grund dafür angibt, wieso die Menschen sich zu Gemeinschaften zusammengeschlossen haben. Wir erfahren nur, daß die Bildung von Gemeinwesen erst erfolgte, nachdem sich die Menschen vermehrt hatten. Es ist somit nicht ausgeschlossen, daß die Bildung der ursprünglichen Gemeinschaften ein rein natürliches Phänomen war, daß die Menschen sich also zu Gemeinschaften zusammenschlossen, weil die Natur sie miteinander in Kontakt gebracht hatte und sie einfach nicht mehr isoliert leben konnten. Hätte die Zahl der Menschen nicht zugenommen, so wäre es vielleicht nicht zur Bildung von Gemeinschaften gekommen. Insofern kann man sagen, daß im Gegensatz zum Aristotelischen Menschen, der Machiavellische Mensch kein von Natur aus geselliges Wesen ist, wenn damit gemeint sein soll, daß der Mensch von Natur aus die Gemeinschaft mit seinesgleichen sucht. Eine solche Gemeinschaft sucht er höchstens nur dann, wenn er sie nicht mehr vermeiden kann. Womit ein zusätzlicher Beweis für eines der Grundtheoreme Machiavellis gegeben wäre, daß die Menschen nämlich nichts Positives tun, es sei denn, die Notwendigkeit würde sie dazu zwingen (so z.B. D I, 3: 82).

Ob auch, wie dies etwa bei Hobbes der Fall ist, der Wunsch, dem elenden und kurzen Leben im ungeordneten Naturzustand zu entfliehen, der Entstehung der ersten menschlichen Gemeinschaften Pate gestanden hat, erfahren wir nicht. Es kann aber nicht ausgeschlossen werden, daß dies ein Grund für die Bildung menschlicher Gemeinwesen gewesen sein kann. Wie die Mehrzahl der Hobbesschen Menschen, scheint auch die Mehrzahl der Machiavellischen Menschen darauf bedacht zu sein, ein angenehmes Leben zu führen. Insofern das einsame Leben im Naturzustand, d.h. außerhalb jeder Gemeinschaft, kaum dazu beitragen wird, ein angenehmes Leben zu führen, kann die Aussicht auf die Vorteile des Lebens in einer Gemeinschaft ein möglicher Grund sein, der die Menschen beeinflußt haben mag, nicht in der Einsamkeit zu verbleiben – auch wenn dies ihnen weiterhin möglich gewesen wäre. Diese Vorteile des Lebens in der Gemeinschaft können aber nur erlangt werden, wenn die Menschen bereit sind, miteinander zu kooperieren. Die Bereitschaft zur Kooperation wird aber nur dann gegeben sein, wenn jeder der Kooperanten nicht zu fürchten braucht, daß sein Gegenüber ihn ausnutzen wird. Wie wir noch sehen werden, liegt in dem Willen, diese Furcht zu bannen, der Ursprung der Gesetze.

Den Gedanken einer gemeisamen Verteidigung erwähnt Machiavelli erst, nachdem er die Gemeinschaft sich gründen lassen hat. An der von uns im Augenblick betrachteten Stelle sagt er nicht, daß die Menschen sich zu Gemeinschaften zusammengeschlossen haben, um sich überhaupt verteidigen zu können. Nachdem sie sich schon zusammengetan haben, überlegen sie lediglich, wie sie besser, bzw. am besten verteidigt werden können. Damit ist natürlich nicht ausgeschlossen, daß die Menschen sich wegen der Vorteile in Sachen Verteidigung zusammengeschlossen haben. Diesen Erklärungsgrund finden wir übrigens einige Seiten vorher. Im ersten Kapitel des ersten Buches der *Discorsi* hatte Machiavelli den Unterschied gemacht zwischen einem Gemeinwesen, das durch die an einem Ort lebenden Menschen gegründet wird, und einem solchen, das durch außerhalb dieses Ortes lebende Menschen gegründet wird. Von der ersten Art Gemeinwesen heißt es, es käme zu seiner Gründung, „wenn die verstreut und in vielen kleinen Teilen der Gegend lebenden Einwohner meinen, nicht sicher zu leben, weil nicht jeder [scil. Teil N.C.], sowohl wegen der Lage wie auch wegen der Zahl, dem Vorstoß eines Angreifers standhalten kann" (D I, 1: 77). Es kommt hinzu, daß sie nicht schnell genug zusammenkommen können, um sich zu verteidigen. Und selbst wenn sie dies könnten, so müßten sie während des Kampfes ihre Wohnstätten verlassen, was diese zu leichten Beuteobjekten des Feindes machen könnte. Um all diesen Nachteilen zu entfliehen, so Machiavelli, schließen sich die Menschen zu einem Gemeinwesen zusammen, sei es, daß sie es von sich aus tun oder daß sich unter ihnen eine mit einer größeren Autorität ausgestattete Person befindet, die sie dazu auffordert.

Ab einem bestimmten Zeitpunkt schließen die Menschen sich also zu Gemeinschaften zusammen. Sie halten dann Ausschau nach demjenigen unter ihnen, der sie am besten verteidigen kann. Dabei läßt Machiavelli – zumindest in der Passage aus dem dritten Kapitel des ersten Buches – die Antwort auf die Frage offen, gegen wen oder gegen was die Gemeinschaftsmitglieder eigentlich verteidigt werden müssen. Auch wenn es auf der Hand liegt zu antworten – und das erste Kapitel des dritten Buches hatte es auch ausdrücklich formuliert –, daß sie gegen Angriffe anderer Menschen verteidigt werden müssen, so muß doch betont werden, daß der Text des dritten Kapitels eine solche Lektüre nicht notwendig macht. Im Text ist nur die Rede davon, daß die Menschen verteidigt werden müssen. Außer von ihresgleichen könnten die Menschen auch von wilden Tieren oder von bestimmten Naturereignissen bedroht werden.

Aus dem Text geht hervor, daß die Gesellschaftsmitglieder sich zumindest in zwei Hinsichten voneinander unterscheiden, und zwar hinsichtlich der Stärke und des Mutes. In einer scheinbar ganz demokratischen Prozedur beauftragen sie den Stärksten und Mutigsten unter ihnen mit der Aufgabe der Verteidigung. Weil er stärker und mutiger als die anderen ist und demnach besser auf mögliche Gefahren antworten kann und weil er durch seine Mitbürger dazu bestimmt wurde – wobei man seine Zustimmung natürlich voraussetzen muß –, obliegt es ihm fortan, für den Schutz seiner Untertanen zu sorgen. Damit er seine Aufgabe angemessen erfüllen kann, muß der mit dem Schutz Beauftragte auf den Gehorsam der anderen Gesellschaftsmitglieder zählen können.

Es scheint hier so etwas wie ein ursprünglicher Tausch zu erfolgen: Schutz gegen Gehorsam. Die Vielzahl der Menschen ist nur dann bereit, dem Stärksten und Mutigsten zu gehorchen, wenn dieser sich auch für die Verteidigung der Gemeinschaft einsetzt. Der Gehorsam ist ursprünglich ein Gehorsam gegenüber demjenigen, der das Gemeinwesen verteidigen kann. Die Schwächeren schenken dem Stärkeren ihr Gehorsam, weil der Stärkere sie schützt. Insofern nicht irgendein Gesellschaftsmitglied, sondern der Stärkste und Mutigste auserwählt wird, ist davon auszugehen, daß die Menschen erwarten, daß ihr Führer sich persönlich den Gefahren aussetzt.

Daß der eben erwähnte Gedanke eines Tausches, den man

später u.a. bei Thomas Hobbes an zentraler Stelle wiederfinden wird, auch schon bei Machiavelli vorliegt, läßt sich nicht nur aus der eben diskutierten Stelle heraus interpretieren, sondern wird darüber hinaus auch explizit vom Florentiner selbst an einer anderen Stelle seiner Schriften erwähnt. So heißt es in einer kleinen Schrift aus dem Jahre 1503, in der es um die Situation von Florenz geht und die überschrieben ist ‚Parole da dirle sopra la provisione del danaio, facto un poco di proemio et di scusa': „Die Menschen können und sollen (debbono) nicht treue Diener jenes Herren sein, von dem sie weder beschützt noch verbessert werden können" (TO: 12). Machiavelli spricht hier nicht so sehr von den florentinischen Bürgern, sondern von den Städten, die unter der Herrschaft der Signoria standen. Da die Signoria der Republik nicht in der Lage war, einige dieser Städte zu verbessern und zu beschützen, ist es nur normal, daß ihre Einwohner sich der Signoria nicht mehr zum Gehorsam schuldig fühlen. In der Passage werden die faktische und die normative Dimension, das Nicht-gehorchen-Können und das Nicht-gehorchen-Sollen in ein und demselben Atemzuge genannt, womit gleichzeitig angedeutet wird, daß man nicht unrecht handelt, wenn man demjenigen die Treue bricht, der einen nicht beschützen und nicht verbessern kann. Es scheint also tatsächlich eine Art von Vertrag zu bestehen, den jede Partei nur so lange zu erfüllen hat, wie er auch von der anderen Partei erfüllt wird. Wenn der Herr nicht mehr in der Lage ist, den Diener zu beschützen – und zu bessern –, kann der Diener den Gehorsam kündigen. Umgekehrt könnte aber auch gelten, daß wenn der Diener dem Herrn nicht mehr gehorchen will, dann braucht letzterer sich nicht mehr um den Schutz des Dieners zu kümmern.

Von ihrem Ursprung her ist die Herrschaft über die Gemeinschaft somit rein funktionaler Natur, und der Gehorsam ist an die Erfüllung dieser Funktion gebunden. Gleichzeitig ist auch ein doppeltes Schuldverhältnis gegeben: Der Herrscher schuldet den gehorchenden Untertanen Schutz, und die Untertanen schulden dem schützenden Herrscher Gehorsam. Indem er sie beschützt, stellt der Herrscher den Untertanen ein Gut zur Verfügung, das sie offensichtlich nicht selbst hätten hervorbringen können – oder zumindest nicht so gut. Insofern er ihnen ein Gut zur Verfügung stellt, tut der Herrscher den Menschen Gutes an. Er kann somit durchaus als ein Wohltäter bezeichnet werden.

Mit der Entstehung einer Gemeinschaft sind, allgemein gesprochen, Hilfeleistungsverhältnisse gegeben, wobei der Herrscher derjenige ist, welcher der ganzen Gemeinschaft Hilfe zu leisten hat und dessen Herrscherfunktion ursprünglich mit dieser Funktion verbunden ist. Die Menschen, die in einer Gemeinschaft leben, leben nicht nebeneinander, sondern sie leben miteinander, und das bedeutet, daß sie Kooperationsverhältnisse miteinander eingehen. Sie arbeiten nicht nur für sich, sondern auch für andere und gegebenenfalls für die ganze Gemeinschaft. Und dieses Arbeiten für andere kann, allgemein gesehen, als ein Wohltun angesehen werden. Wo zwischen A und B ein Kooperationsverhältnis besteht, sind A und B füreinander Wohltäter: A tut etwas, wovon B einen Vorteil hat, und B tut etwas, wovon A einen Vorteil hat. Es sei hier bemerkt, daß der von uns – und von Machiavelli – zugrundegelegte Begriff der Wohltat – bzw. des Wohltuns oder des Wohltäters – nichts über die Handlungsmotive aussagt. Gefragt wird nicht, warum man dem anderen ein Gut zur Verfügung stellt, sondern es wird lediglich die objektiv feststellbare Tatsache berücksichtigt, daß dem anderen ein Gut zur Verfügung gestellt wird – was auch immer die Motive sein mögen. Es wird jetzt zu sehen sein, wie eine unangemessene Antwort auf dieses Wohltun die Einführung von Gesetzen notwendig macht.

2. Die Undankbarkeit und die Grenzen der menschlichen Bosheit

Nachdem er festgehalten hat, daß die vergesellschafteten Menschen sich einem sie beschützenden Herrscher unterordnen, um somit besser verteidigt werden zu können, behauptet Machiavelli, daß sich aus der Zusammenschließung und Einsetzung eines Herrschers die Erkenntnis des Ehrbaren und Guten sowie ihrer Gegenteile, d.i. des Schlechten und Bösen, ergeben. In diesen ganzen Überlegungen wird die Undankbarkeit eine Schlüsselrolle spielen.

Wie wir wissen, helfen die vergesellschafteten Menschen einander. Wie wir ebenfalls gesehen haben, gilt dies besonders für den Herrscher. Von seiner Funktion her kann dieser dazu gezwungen sein, sein Leben aufs Spiel zu setzen, um die Gemeinschaft vor einer drohenden Gefahr zu schützen. Tut er es und gelingt es ihm auch, die Gefahr abzuwehren, wird er zum Wohltäter der Gemeinschaft.

Wie wird die Gemeinschaft ihren Wohltäter behandeln? Wenn wir davon ausgehen, daß der Herrscher nicht auf sich allein gestellt leben kann, sondern die Mithilfe der Mitglieder der Gemeinschaft braucht, um ihm etwa Nahrung zu verschaffen, während er sich um die Verteidigung kümmert, so läßt sich auch umgekehrt fragen: Wie wird der Herrscher die Mitglieder der Gemeinschaft behandeln, die ihm gehorcht und für ihn gearbeitet haben? Der Herrscher erweist der Gemeinschaft eine Wohltat, indem er sie schützt, aber die Gemeinschaft erweist auch umgekehrt dem Herrscher eine Wohltat, indem sie ihm alles zur Verfügung stellt, was er von ihr verlangt. Es findet hier, wie schon gesagt wurde, ein Tausch statt. Diese Wohltaten sind nicht punktuell, sondern wir haben es hier mit einer sich ständig wiederholenden Situation zu tun. Die Gemeinschaft muß immer verteidigt werden, und der Herrscher bedarf immer der Kooperation der ihm untergeordneten Gesellschaftsmitglieder. Die Frage stellt sich dann, welche Bedingungen erfüllt sein müssen, damit diese Kooperation Aussicht hat, Stabilität zu erlangen und die Zeit zu überdauern.

Handelten die Menschen immer so, wie sie eigentlich handeln sollten, so würden sie stets dankbar sein. Die angemessene Antwort auf eine erwiesene Wohltat ist nämlich die Dankbarkeit. Doch die Menschen handeln nicht immer so, wie sie handeln sollten, und das bedeutet konkret, wie Machiavelli es zeigt, daß sie ihrem Wohltäter gegenüber auch manchmal undankbar sind, ja daß sie ihm sogar Schaden zufügen können. Und es ist diese Undankbarkeit, welche Machiavelli zufolge am Ursprung der Gesetze ist. Wären die Menschen immer dankbar gewesen, wären Gesetze – zumindest Strafgesetze – eventuell nicht nötig gewesen. Bevor wir uns näher mit den Konsequenzen der Undankbarkeit befassen, wollen wir zunächst auf ihr Wesen eingehen.

Die Tatsache, daß Machiavelli die Undankbarkeit zum Thema eines Gedichtes gemacht hat, kann sicherlich als Beweis dafür gelten, daß sie eine wichtige Rolle in seinem Denken spielt, zumal wenn man die Themen der anderen Gedichte betrachtet, die mit dem Gedicht über die Undankbarkeit ein Ganzes bilden. Das Giovanni Folchi gewidmete Gedicht ‚Dell'Ingratitudine' (TO: 980-983) ist nämlich eines der vier Gedichte, die man gewöhnlich unter dem gemeinsamen Titel ‚I Capitoli' zusammenfaßt. Die drei anderen Gedichte behandeln die Themen der Fortuna, des Ehrgeizes und der Gelegenheit – alles Themen, die für ein Verständnis Machiavellis wichtig sind, da sie den anthropologischen und geschichtsphilosophischen Hintergrund seiner politischen Philosophie bilden, und auf die selbstverständlich noch im weiteren Verlauf dieses Buches zurückzukommen sein wird. Doch sehen wir uns vorerst das Gedicht über die Undankbarkeit an.

In dem Gedicht wird uns die Undankbarkeit als Tochter der Habsucht (avarizia) und des Verdachtes (sospetto) vorgestellt – eine Genealogie, die wir übrigens auch in den *Discorsi* wiederfinden (D I, 29: 110). Ihre Amme war der Neid (invidia). Sie war nicht von Anfang an im Herzen der Menschen, sondern wurde geboren, als der Ruhm (gloria) der Lebenden den Sternen und dem Himmel mißfielen. Daß Machiavelli ihr Eltern gibt, scheint darauf hinzudeuten, daß sie nicht das ursprünglichste Laster ist. Die Undankbarkeit des Menschen fließt aus der Quelle seiner Habsucht, seines Neides und seines Verdachtes – auf diese Quelle werden wir noch später zu sprechen kommen. Stellen wir aber im Augenblick schon einmal fest, daß zu der anfangs zitierten Stelle aus den *Discorsi* nur die Undankbarkeit, nicht aber die anderen Laster erwähnt werden.

Nachdem er die Genealogie der Undankbarkeit nachgezeichnet hat, unterscheidet Machiavelli die drei vergifteten Pfeile, mit denen die Undankbarkeit auf die Menschen schießt und sie verletzt. Jedem dieser Pfeile entspricht eine tiefere, schmerzlichere Verletzung (TO: 980-981): „Der erste dieser drei, der von ihr kommt, / bewirkt, daß der Mensch nur die ihm erwiesene Wohltat anerkennt / aber sie zugibt, ohne sie zu belohnen; / und der zweite, von dem wir sprechen wollen / bewirkt, daß der Mensch die Wohltat vergißt, die ihm zuteil wurde /

aber ohne zu verletzen, verneint er sie nur; / der letzte bewirkt, daß der Mensch sich nicht erinnert / an die Wohltat, noch sie belohnt, aber daß er, so gut er kann / seinen Wohltäter zerfetzt und verletzt (morda)."

Fassen wir diese drei Stufen der Undankbarkeit kurz zusammen, indem wir sie auf die Situation von zwei Personen – A und B – beschränken:

Erste Stufe: A gibt zu, eine Wohltat von B erhalten zu haben, bedankt sich aber nicht dafür.
Zweite Stufe: A bedankt sich nicht bei B für die Wohltat und gibt auch nicht zu, eine solche erhalten zu haben.
Dritte Stufe: A bedankt sich nicht bei B, noch gibt er zu, eine Wohltat von ihm erhalten zu haben, sondern wirft sich auf B und verletzt, ja tötet ihn sogar vielleicht.

Auch wenn man nicht davon ausgehen kann, daß der Wohltäter seine Wohltat ausführt, um belohnt zu werden, so darf man doch voraussetzen, daß die Erwartung, belohnt zu werden, und sei es nur unter der Form eines Lobes oder einer elementaren Danksagung, eine legitime Erwartung ist, genauso wie man es als legitime Erwartung des Wohltäters ansehen kann, daß der Empfänger der Wohltat sich an die von ihm erhaltene Wohltat erinnert und gegebenfalls dem Wohltäter zur Hilfe eilt, wenn dieser einmal auf fremde Hilfe angewiesen ist. Der Empfänger einer Wohltat kann sich nämlich auf zwei Weisen beim Wohltäter revanchieren: Entweder indem er ihm gleich nach der erwiesenen Wohltat ein Gut anbietet, welches der Wohltäter zwar nicht dringend braucht, das ihm aber gefällt oder gefallen kann, oder indem er den Zeitpunkt abwartet, wo der Wohltäter dringend fremde Hilfe braucht. In diesem zweiten Fall ist die Erinnerung an die erhaltene Wohltat wichtig.

Wo der Empfänger der Wohltat sich nicht an die erhaltene Wohltat erinnert und wo diese Wohltat nicht einmal belohnt wird, werden die Erwartungen des Wohltäters enttäuscht sein. Doch wie sollte man das bezeichnen, was Machiavelli uns als die dritte Stufe der Undankbarkeit darstellt? Wird dem Wohltäter in den zwei ersten Fällen etwas vorenthalten, worauf er ein Anrecht zu haben glaubt, wenn nicht sogar hat, erhält er im dritten Fall etwas, das er überhaupt nicht verdient hat. Statt ein positives Gut als Gegenleistung für seine Wohltat zu erhalten, wird ihm ein Schaden zugefügt.

Es ist diese dritte Form der Undankbarkeit, die wir in der Passage aus den *Discorsi* antreffen, in welcher Machiavelli die Entstehung der ersten menschlichen Gemeinschaften und dann auch der Gesetze darstellt. Dort ist nämlich ausdrücklich die Rede von dem Schaden, den jemand seinem Wohltäter zufügt. Über diesen dritten Pfeil der Undankbarkeit heißt es im Gedicht, er käme mit der größten Wucht, dringe bis zum Knochen ein und füge die tödlichste Wunde zu. Lassen sich die Wunden der beiden ersten Pfeile noch eventuell ertragen und mit der Zeit heilen – denn hier wird sozusagen nur die Erwartung verletzt, nicht der Erwartende in seiner körperlichen Integrität –, so scheint dies nicht mehr der Fall für die durch den dritten Pfeil verursachten Wunden zu sein – denn hier wird der Wohltäter in seiner körperlichen Integrität getroffen.

Unter diesen Umständen versteht man, daß die Menschen sich vor der Undankbarkeit, und insbesonders vor ihrer schlimmsten und tödlichsten Form, schützen wollen. Im dritten Kapitel des ersten Buches der *Discorsi* sagt uns Machiavelli, daß alle Menschen sich als potentielle Opfer der Undankbarkeit sehen, daß also jeder sich beim Auftreten eines Falles von Undankbarkeit bewußt wird, daß auch er Opfer einer Undankbarkeit sein könnte. Insofern sie nämlich alle Mitglieder ein und derselben Kooperationsgemeinschaft sind, in welcher sie ständig miteinander kooperieren und sich gegenseitig Güter zur Verfügung stellen, kann möglicherweise jeder eines Tages zum Opfer der Undankbarkeit werden. Und es scheint gerade dieses gemeinsame Schicksal zu sein, das sie letzten Endes dazu veranlaßt, entschieden gegen die Undankbarkeit vorzugehen und Gesetze zu erlassen und Strafen zu verhängen. Die ursprüngliche Funktion der Gesetze und der Strafen scheint also darin zu bestehen, die Menschen vor der Undankbarkeit ihresgleichen zu schützen. Was die Gesetze ursprünglich verbieten, ist, daß der Empfänger einer Wohltat seinem Wohltäter Schaden zufügt. Wo die Undankbarkeit nicht unterbunden werden kann, scheint die Gemeinschaft ihrem Ende entgegenzueilen. Dabei wird implizit vorausgesetzt, daß die

Menschen zur Undankbarkeit neigen. Die Aussicht auf eine durch das Gesetz vorgesehene Strafe soll diese ihre Neigung zähmen.

Hervorzuheben ist die in der besprochenen Passage der *Discorsi* implizit enthaltene Unterscheidung zwischen einer bloß moralischen und einer rechtlichen Regulierung der Tendenz zur Undankbarkeit. Machiavelli scheint sich hier der Tatsache bewußt gewesen zu sein, daß man einem Laster entweder durch eine informelle gesellschaftliche Mißachtung begegnen kann oder indem man auf eine formelle Zwangsmaßnahme zurückgreift. Bevor die Menschen die Undankbarkeit mittels der Gesetze und Strafen bekämpften, versuchten sie dem Laster mittels Lob und Tadel zu begegnen: Wer sich seinem Wohltäter gegenüber als dankbar erwies, wurde gelobt, wer sich ihm gegenüber undankbar verhielt, wurde getadelt. Die Menschen scheinen dann aber eines Tages zur Einsicht gekommen zu sein, daß sie es nicht bei dieser bloß moralischen Regulierung belassen konnten, weil sie eventuell einen Mangel an Wirksamkeit aufwies. Aus der moralischen Regulierung wurde eine rechtliche Regulierung, und der Tadel verwandelt sich in eine gesetzliche Sanktion.

Wie wir wissen, unterscheidet Machiavelli drei Formen der Undankbarkeit. Ist diese Unterscheidung bloß theoretischer Natur, oder lassen diese drei Formen der Undankbarkeit sich auch in der menschlichen Welt antreffen? Oder andersherum gefragt: Können die wirklich existierenden Menschen überhaupt derart undankbar sein, daß sie es nicht nur unterlassen, sich bei ihrem Wohltäter durch eine Wohltat zu revanchieren – oder sich auch nur bei ihm für die erwiesene Wohltat zu bedanken –, sondern diesem Wohltäter gegenüber Gewalt anwenden und ihm einen Schaden zufügen? Gefragt wird also hier gewissermaßen nach den Grenzen der menschlichen Bosheit: Wie böse kann der Mensch eigentlich sein, nicht der in einer philosophischen Anthropologie vorgestellte Mensch, sondern der Mensch aus Fleisch und Blut, der das ‚Grundmaterial' der durch die Politik zu gestaltenden Gemeinwesen bildet? Dabei wird ein Begriff der Bosheit vorausgesetzt, den auch die traditionelle Moral kennt und gebraucht: Böse ist, wer seine Mitmenschen verletzt und ihnen etwas antut, was man ihnen nicht antun sollte. Es ist dieser traditionelle Begriff der Bosheit, der im allgemeinen Machiavellis Urteilen über das Böse und das Gute zugrundeliegt. Es ist falsch zu behaupten, Machiavelli hätte eine ‚neue' Moral erfunden, der man das Adjektiv „politisch" hinzufügen kann, um sie von der „alten" zu unterscheiden. Wenn Machiavelli moralische Urteile fällt, dann tut er es in der Sprache der traditionellen Moral. Machiavelli will diese traditionelle Moral nicht unterhöhlen, sondern lediglich darauf hinweisen, daß man sich nicht immer an die Normen dieser Moral halten kann, wenn man Bedingungen herstellen oder bewahren will, die ein Handeln gemäß dieser traditionellen Moral erst zumutbar machen.

Das Gedicht ‚Dell'Ingratitudine' scheint die Wirklichkeit der radikalen Form der Undankbarkeit nicht auszuschließen, ganz im Gegenteil. Wir erfahren nämlich dort, daß sowohl das Volk wie auch die Fürsten den dritten Pfeil der Undankbarkeit gebrauchen: „Und, wie ich sagte, triumphiert sie im Herzen / eines jeden Mächtigen, aber am wohlsten fühlt sie sich / im Herzen des Volkes, wenn es die Herrschaft ausübt" (TO: 981). Und auch in den *Discorsi*, wie wir gesehen haben, ist es diese dritte, extreme Form der Undankbarkeit, die Machiavelli erwähnt. Die real existierenden Menschen können also ganz böse sein.

Dem ist aber eine Stelle aus dem *Principe* entgegenzuhalten, in der es wortwörtlich heißt: „Aber wenn der Fürst sich mit aller Entschiedenheit auf die Seite des einen Lagers stellt, und derjenige, mit dem Du Dich verbündet hast, den Sieg davonträgt, so hat er Dir gegenüber eine Verpflichtung und ist Dir durch Liebe gebunden, wie mächtig er auch immer sein mag und auch wenn Du seinem Willen unterworfen bleibst; und die Menschen sind nie derart unehrbar (disonesti), daß sie Dich mit einem derart großen Beispiel von Undankbarkeit unterdrücken; und weiter ist zu bemerken, daß die Siege nie derart klar und deutlich sind, daß der Sieger keinen Respekt zu haben bräuchte, und besonders hinsichtlich der Gerechtigkeit" (P XXI: 292).

Warum sollte ein mächtiger Sieger seinem Verbündeten – der ihm durch seine militärische Hilfe eine Wohltat erwiesen hat – nicht undankbar gegenüber sein, vor allem dann, wenn der Sieger dem Verbündeten überlegen ist? Machiavelli entfaltet zwei Gedankengänge, um diese Frage zu beantworten. Wir wollen uns im folgenden etwas eingehender mit dem ersten befassen. Auf den zweiten, bei dem die Gerechtigkeit im Mittelpunkt steht, werden wir noch später zurückkommen.

Der erste Gedankengang geht vom Ehrgefühl aus: Mögen die Menschen auch zur Undankbarkeit hin neigen, so hält doch ihr Ehrgefühl sie davor zurück, extrem undankbar zu sein. Der Sieger wird es somit vielleicht unterlassen, dem Verbündeten zu danken und ihn angemessen zu belohnen bzw. ihn später zu unterstützen, wenn er einmal auf fremde Hilfe angewiesen sein sollte, aber sein Ehrgefühl wird ihn davon abhalten, dem Verbündeten einen Schaden zuzufügen. Der Sieger, in anderen Worten, wird vielleicht böse handeln, aber nicht ganz böse.

Die Passage aus dem *Principe* scheint sogar den Gedanken nahezulegen, daß es seitens des Empfängers der Wohltat eine objektive Verpflichtung zu einer positiven Handlung dem Wohltäter gegenüber gibt. Der Empfänger der Wohltat soll dem Wohltäter nicht nur nicht schaden, sondern sich als durch Liebe zu ihm gebunden fühlen (egli ha teco obligo, e vi è contratto l'amore). Es muß allerdings festgehalten werden, daß es sich hierbei um eine bloß moralische Verpflichtung handelt und daß sie in bestimmten Situationen zwischen Klammern gesetzt werden kann. Die Menschen sollten, soweit dies möglich ist, diese Verpflichtung respektieren, aber es kann bestimmte Fälle geben, wo sie sich zu einem bösen Handeln gezwungen sehen. Aber werden sie auch „genügend" böse sein können, wenn ein solcher Fall eintritt?

Wir stoßen hier auf ein zentrales Problem der Anthropologie Machiavellis, nämlich auf die Frage nach den Grenzen der menschlichen Boshaftigkeit. Das 27. Kapitel des ersten Buches der *Discorsi* trägt die Überschrift: „Nur in ganz seltenen Fällen können die Menschen ganz böse oder ganz gut sein". In diesem Kapitel führt Machiavelli das Beispiel des Gianpaolo – oder Giovampagolo, wie es im Original heißt – Baglioni an, der Herrscher – Tyrann, nennt ihn Machiavelli – über Perugia, und mit dem Papst Julius II. befeindet war. Als der Papst mit seinem Heer unbewaffnet Perugia betritt, ergreift Baglioni nicht die Gelegenheit, seinen Feind mitsamt den ihn begleitenden

Kardinälen umzubringen, und dies obwohl es unter den gegebenen Umständen ein relativ leichtes Stück gewesen wäre. Warum hat Baglioni nicht zugeschlagen und somit eine einmalige Gelegenheit verpaßt, seine Feinde auszuschalten? Machiavelli läßt einige Begleiter des Papstes die unterlassene Handlung kommentieren, und gibt ihren Kommentar mit folgenden Worten zurück: „Und es war auch nicht anzunehmen, er hätte sich aus Güte zurückgehalten oder es hätten ihn Gewissensgründe gebremst; denn in die Brust eines verkommenen Menschen, der mit seiner Schwester verkehrte, der seine Vetter und Neffen tötete, um herrschen zu können, konnte kein mitleidiger Respekt Eingang finden; aber, so die Schlußfolgerung, es kam dadurch, daß die Menschen weder auf eine ehrbare Weise (onorevolmente) böse, noch vollkommen gut sein können; und, insofern eine Hinterhältigkeit in sich Größe birgt, oder einen großherzigen Aspekt erkennen läßt, können sie sie nicht ausführen" (D I, 27: 109-110).

Baglioni erscheint hier als ein Mensch, der in der Vergangenheit nicht vor den niederträchtigsten und unmoralischsten Handlungen zurückgeschreckt ist, um seine Begierden zu stillen oder um seine Macht zu etablieren, der aber plötzlich vor einem neuen Mord zurückschreckt. Was hält ihn eigentlich davor zurück? Weder Güte noch Mitleid lehren uns die eben zitierten Zeilen, sondern die Tatsache, daß die Ermordung des Papstes und seiner Begleiter auch einen Aspekt der Größe beinhaltete. So hinterhältig die Ermordung des unbewaffneten Papstes und seiner Begleiter auch sein mochte, so hätte sie doch eine Größe in sich enthalten, die bei den übrigen Schandtaten Baglionis nicht zu finden war. Und es ist eben diesem Aspekt der Größe, dem sich die niederträchtige Natur Baglionis zu verschließen scheint. Außer den rein negativen, verurteilenswerten Aspekten, beinhaltet die hinterhältige Ermordung des Papstes und seiner Gefolgschaft einen positiven Aspekt, und diesem scheint Baglioni nicht gewachsen zu sein. Er vermag es zwar, Böses zu tun, nicht aber Böses, das sozusagen über sich selbst hinausweist und außer der Niederträchtigkeit auch ein Element von Größe in sich enthält. Baglioni gehört somit zu denjenigen Menschen, die zwar auf eine niederträchtige, nicht aber auf eine ehrbare Weise böse sein können. Er kann Böses tun, von dem er selbst profitieren wird, nicht aber Böses, von dem das Gemeinwesen profitieren kann.

Nachdem er die Worte einiger Begleiter des Papstes referiert hat, nimmt Machiavelli selbst Stellung zur Haltung Baglionis: „Auch wenn es ihm nichts ausmachte, als inzestuös und als Verwandtenmörder zu gelten, konnte oder besser gesagt, traute sich Giovampagolo nicht, und dies obwohl er eine rechte (giusta) Gelegenheit dazu hatte, sich auf ein Unternehmen einzulassen, für das jeder seinen Mut bewundert hätte, und durch die er in ewiger Erinnerung geblieben wäre, insofern er der erste gewesen wäre, der den religiösen Würdenträgern bewiesen hätte, wie wenig man von ihnen und von ihrer Weise zu herrschen halten soll; und er hätte eine Handlung ausgeführt, deren Größe jeden schlechten Ruf und jede Gefahr übertrumpft hätte, die sich aus ihr hätten ergeben können" (D I, 27: 110).

Machiavelli streicht hier den exemplarischen Charakter der Handlung hervor, die Baglioni hätte ausführen können, die er aber nicht ausgeführt hat. Daß Baglioni sich durch seine Handlung Ruhm erworben hätte, ist nur ein Grund, der die Handlung gerechtfertigt hätte. Machiavelli sagt nicht – was ihm einige, vielleicht voreilige, Interpreten unterstellt zu haben scheinen –, der Wert einer hinterhältigen Handlung lasse sich ganz und gar auf die Tatsache reduzieren, daß sie dem Handelnden ewigen Ruhm einbringen wird. Die Hoffnung auf ewigen Ruhm mag zwar das ausschlaggebende subjektive Motiv des Handelnden sein, aber wie aus der eben zitierten Stelle hervorgeht, ist die Hoffnung auf solchen Ruhm nur ein Aspekt. Was die hinterhältige Ermordung des Papstes und seiner Begleiter objektiv gerechtfertigt hätte, wäre die Tatsache gewesen, daß sie dem Papst und den Kardinälen bewiesen hätte, „wie wenig man von ihnen und von ihrer Weise zu herrschen halten soll". Es ist, wenn man so sagen kann, die ihr innewohnende Dimension der politischen Kritik, welche die an sich hinterhältige Handlung zumindest teilweise gerechtfertigt hätte. Und weil diese Dimension den anderen Handlungen Baglionis fehlt, fehlt diesen auch der Aspekt der Größe. Indem er seine Verwandten tötet, handelt Baglioni nur in seinem eigenen Interesse; hätte er den Papst und seine Begleiter ermordet, hätte er zwar auch in seinem eigenen Interesse gehandelt, da er seine Feinde eliminiert hätte, aber darüber hinaus hätte er auch im Interesse Italiens gehandelt, das unter der Mißherrschaft der römischen Kurie leidet – ein Problem, auf das wir noch zurückkommen werden.

3. Der Notwendigkeit entgehen, undankbar zu sein

Die Thematik der Undankbarkeit wird eingehend im 30. Kapitel des Ersten Buches der *Discorsi* aufgegriffen. Überschrieben ist das betreffende Kapitel: „Welche Wege soll ein Fürst oder eine Republik gehen, um diesem Laster der Undankbarkeit zu entgehen; und welche Wege soll ein Feldherr oder ein Bürger gehen, um nicht ihr Opfer zu werden" (D I, 30: 112). Das Problem der Undankbarkeit wird somit unter einer doppelten Perspektive diskutiert, und zwar einerseits aus der Perspektive derjenigen Instanz, die undankbar sein kann – ein Fürst oder die Entscheidungsgewalt einer Republik –, und andererseits aus der Perspektive derjenigen Instanz, die Opfer der Undankbarkeit werden kann – ein für das Gemeinwesen kämpfender Feldherr oder ein einfacher Bürger. Wie schon die Überschrift des Kapitels andeutet, spielen dabei die Vorkehrungen eine große Rolle, die das Auftauchen der Undankbarkeit unterbinden können. Wurde Machiavelli oft vorgeworfen, ein Denker zu sein, der den Menschen den Weg des Bösen zeigt, so sollte man in ihm auch, wenn nicht sogar hauptsächlich, einen Denker sehen, dem es darum geht, den Menschen zu zeigen, wie sie es vermeiden können, den Weg des Bösen einschlagen zu müssen. Machiavelli spricht von der Notwendigkeit, böse zu sein, aber er deutet auch die Möglichkeit an, nicht böse sein zu müssen. Um diese Möglichkeit zu verwirklichen oder zu bewahren, muß die Politik die Notwendigkeit anerkennen, manchmal böse zu sein.

Im 27. Kapitel der *Discorsi* wird die am Schluß des vorigen Teils schon erwähnte Behauptung, die Menschen könnten nicht auf ehrbare Weise böse und nicht vollkommen gut sein, leicht umgeändert. Es heißt dort nämlich: „Aber, wie oben gesagt wurde, können die Menschen weder ganz böse noch ganz gut sein" (ebd.). „Oben", d.h. im 27. Kapitel, wurde nicht ganz genau dasselbe gesagt, denn dort hieß es nämlich, die Menschen könnten nicht auf *ehrbare* Weise böse sein. Auch wenn aus der Tatsache, daß man nicht ganz böse sein kann, folgt, daß man bestimmte böse Handlungen nicht ausführen kann, oder sich nicht traut, sie auszuüben, so läßt diese Tatsache für sich allein genommen noch nicht erahnen, welche böse Handlungen die betreffende Person nicht ausüben wird. Jemand könnte sich sehr wohl trauen, den Papst mitsamt seiner ganzen Gefolgschaft zu eliminieren, sich gleichzeitig aber nicht trauen, einem Familienmitglied ein Haar zu krümmen, auch wenn er dadurch einen möglichen Konkurrenten auf dem Pfad zur Macht aus dem Wege schaffen würde. Böse sein ist also nicht gleich böse sein, und wenn Machiavelli bestimmte Formen des Böse-seins verteidigt, so werden andere Formen des Böse-seins von ihm verurteilt.

Betrachten wir kurz das Beispiel, das Machiavelli im 30. Kapitel der *Discorsi* behandelt. Es geht dort um einen Feldherrn, der im Dienste seines Fürsten einen glorreichen Sieg errungen hat. Die Frage ist: Wie soll der Fürst den Feldherrn behandeln, der an seiner Stelle den Sieg errungen hat? Laut Machiavelli hat der Fürst schon einen ersten Fehler begangen, indem er sich nicht selbst an die Spitze seiner Truppen gestellt hat. Der Sieg des Feldherrn und der von diesem errungene Ruhm kann leicht dazu führen, daß der Fürst im Feldherrn einen möglichen Konkurrenten sieht, also jemand, der von seinem Ruhm und seiner Popularität profitieren kann, um langsam am Stuhl der etablierten Macht zu sägen, um dann selbst die Herrschaft zu übernehmen. Insofern besteht das Risiko der Undankbarkeit seitens des Fürsten. Der Fürst wird sich nicht trauen, dem Feldherrn Dankbarkeit zu erweisen, da er sich vor dessen möglichen Machtgelüsten fürchten wird.

An sich hat der Feldherr dem Fürsten und dem Gemeinwesen eine Wohltat erwiesen, da er seine Energie und gegebenenfalls sogar sein Leben eingesetzt hat, um für seinen Fürsten und das ihm unterstellte Gemeinwesen den Sieg zu erringen – wobei wir die Frage ausklammern wollen, welche Motive den Feldherrn eigentlich animiert haben, als er alles unternahm, um den Sieg zu erringen. Somit müßte der Fürst den Feldherrn eigentlich belohnen. Doch kann er jemanden belohnen, in dem er einen möglichen Konkurrenten für die Herrschaft sieht bzw. von dem er glaubt, er könne in diese Rolle schlüpfen? Aber wenn er ihn nicht belohnt und sich nicht an die Wohltat erinnert – die beiden ersten Stufen der Undankbarkeit –, dann wird der Feldherr ihm dies vielleicht nicht verzeihen und die ihm vom Fürsten unterstellten Pläne einer Machteroberung tatsächlich hegen und umsetzen. Denn die Menschen sind nachtragend, vor allem dann, wenn man sie tief trifft: „[W]enn ein Mensch auf eine schwerwiegende Weise verletzt wird, sei es durch die öffentliche Macht oder durch eine Privatperson, und wenn er nicht gerächt wird, wie er es sich erwartet; dann gilt, daß er, wenn er in einer Republik lebt, sich an ihr rächen wird, mag sie auch dabei zugrundegehen; und es gilt, daß er, wenn er Untertan eines Fürsten ist und einigen Mut in sich hat, nie ruhig sein wird, bis er sich auf welche Weise auch immer an ihm [scil. dem Fürsten N.C.] gerächt hat, als ob er in ihm die Ursache seines eigenen Schmerzes sähe" (D II, 28: 188). Gilt dies schon, wenn der Fürst nicht die unmittelbare Ursache der Verletzung ist, um wieviel mehr wird es gelten, wenn es der Fürst selbst ist, der den Feldherrn verletzt, indem er ihm nicht den angemessenen Dank erweist.

Es sei mir an dieser Stelle erlaubt, kurz auf eine Anekdote in Machiavellis Leben einzugehen. Nach dem Tode Giulianos, dem das Buch zuerst gewidmet war, hatte Machiavelli den *Principe* an Lorenzo dei Medici gewidmet. Es wird erzählt – und die Anekdote soll von Machiavelli selbst stammen –, daß der Medici, als ihm das Buch überreicht wurde, dabei war, sich mit Jagdhunden zu beschäftigen, und sich nicht von dieser Beschäftigung hätte abbringen lassen. Ein klares Zeichen für den Wert, den er Machiavellis Traktat zuschrieb, aber auch ein klarer Fall von Undankbarkeit. Wenn Machiavelli es für angebracht hielt, Lorenzo das Buch zu widmen und zu überreichen, so geschah das nicht nur – aber möglicherweise auch –, um wieder in die Gunst der Medici zu rücken und dadurch wieder ein öffentliches Amt bekleiden zu können, sondern auch, um Lorenzo den Weg zu zeigen, wie er Italien vereinigen und von den Barbaren befreien konnte. Die im *Principe* enthaltenen Anweisungen sollten dem Wohl Italiens und dem

Ruhm Lorenzos dienen. Und letzterer hätte sich demnach zumindest bei Machiavelli bedanken können. Er tat es aber nicht. Es wird berichtet – aber die Echtheit des Inhalts des Berichtes ist zweifelhaft –, Machiavelli sei hierüber empört gewesen, und er hätte seinen Freunden gesagt, er sei zwar kein Mensch, der gegen Fürsten komplottiert, aber sein Buch würde ihn schon rächen.

Wußten die Medici, daß sie keine unmittelbare Angst vor Machiavelli zu haben brauchten und daß sie es sich somit leisten konnten, ihm gegenüber undankbar zu sein – zumindest gemäß der ersten und eventuell auch noch zweiten Stufe der Undankbarkeit? Wie dem auch sei, der in den *Discorsi* erwähnte Fürst kann es sich nicht leisten, *nur* auf die erste oder zweite Weise undankbar zu sein, da sein Feldherr, von dem vorauszusetzen ist, daß er einigen Mut in sich trägt, nicht ruhen wird, bis er sich für die Undankbarkeit gerächt hat. Wenn der Fürst also undankbar sein will, dann würde es für ihn ratsamer erscheinen, den siegreichen Feldherrn aus dem Weg zu räumen, und das heißt dann eben, mit dem dritten, tödlichsten Pfeil der Undankbarkeit zu schießen. Diesem Abgleiten ins extreme Böse – wenn er denn schon nicht gut sein kann – könnte der Fürst nur dadurch entgehen, daß er, wie schon gesagt wurde, selbst das Kommando seines Heeres übernimmt. Dann wird nämlich der ganze Ruhm des Sieges sein eigener Ruhm sein. Es ist dies ein Mittel, um eine Situation zu vermeiden, in der man möglicherweise vor der Notwendigkeit steht, undankbar zu sein. Anders ausgedrückt: Der Fürst soll keine Situation aufkommen lassen, in welcher seine Natur ihm anscheinend keine andere Wahl läßt, als die schlimmste Form der Undankbarkeit an den Tag zu legen.

Hier sieht man auch, inwiefern die Undankbarkeit ein Kind des Verdachtes sein kann. Der Fürst ist undankbar, weil er den Verdacht hegt, daß sein Feldherr die Lage nutzen könnte, um an die Macht zu gelangen. Wie wir noch gleich sehen werden, befinden sich der Fürst und der Feldherr in einer Situation, in der jeder den anderen verdächtigt: Der Fürst hegt den Verdacht, der Feldherr wolle die Macht an sich reißen, und der Feldherr hegt den Verdacht, der Fürst wolle ihn aus dem Weg räumen. Der Fürst fürchtet sich vor dem Ehrgeiz des Feldherrn, der

Feldherr fürchtet sich vor der Undankbarkeit des Fürsten. Somit sind alle Bedingungen erfüllt, damit ein Konflikt zwischen beiden entsteht.

Wenn es stimmen würde, daß die Menschen nie ganz böse sein können und, genauer noch, daß sie niemals derart unehrbar sein können, daß sie ihren Wohltäter verletzen, und wenn es andererseits auch stimmen würde, daß die Menschen nie vollkommen oder ganz gut sein können, dann würde der Fürst aus unserem Beispiel weder den Feldherrn umbringen – also ganz böse sein – noch ihn angemessen belohnen – also ganz gut sein. Er würde vielmehr die Wohltat unbelohnt lassen und sie gegebenenfalls vergessen. Tut er es, so wird er wahrscheinlich den Haß des Feldherrn auf sich ziehen, und wir befinden uns dann in der Lage des Menschen, der auf eine – zumindest für sein persönliches Ehrgefühl – schwerwiegende Art und Weise verletzt wurde und nun daran denkt, sich am Fürsten zu rächen.

Genauso wie ein Fürst, muß auch eine Republik versuchen, angemessene Vorkehrungen zu treffen, um dem Risiko zu entgehen, undankbar sein zu müssen. Hatte Machiavelli dem Fürsten geraten, selbst die Spitze des Heeres zu übernehmen, rät er einer Republik, dem römischen Beispiel zu folgen. Da in Rom alle Bürger, die Adligen sowohl als auch die Nicht-Adligen, in den Krieg zogen und sich dort auszeichnen konnten, hatte die römische Republik eine Vielzahl von großen Bürgern, die sich sozusagen gegenseitig in Schach hielten. Daraus folgte, daß man vor keinem von ihnen Angst zu haben brauchte. Und daraus wiederum folgte, daß die römische Republik einem siegreichen Feldherrn einen angemessenen Dank schenken konnte.

Will der Fürst der Notwendigkeit entgehen, seinen Feldherrn zum Opfer seiner Undankbarkeit werden zu lassen, muß er, wie soeben gezeigt wurde, selbst die Rolle des Feldherrn übernehmen. Wie soll sich aber ein siegreicher Feldherr verhalten, dessen Fürst nicht vorgesorgt hat und der deshalb zum Opfer der Undankbarkeit werden kann? Machiavelli meint, daß ein solcher Feldherr, wenn er nichts tut, der Undankbarkeit seines Fürsten ausgeliefert sein wird. Warum ist das so? Die Antwort finden wir im 29. Kapitel. Dort schreibt Machiavelli nämlich: „Und weil die Natur der Menschen ehrgeizig und zum Verdacht neigt, und sich in keiner Situation mäßigen kann (non sa porre modo a nessuna sua fortuna), ist es unmöglich, daß jener Verdacht, den der Prinz unmittelbar nach dem Sieg gegenüber seinem Feldherrn hegt, nicht von diesem selbst auf die eine oder andere Weise oder durch ein arrogant gebrauchtes Wort vergrößert wird" (D I, 29: 111).

Hier scheint die zerstörerische Dynamik unaufhaltbar zu sein: Der Sieg erweckt den Verdacht des Fürsten. Der Feldherr ist ehrgeizig, und der durch ihn errungene Sieg macht ihn arrogant. Dies erhöht den Verdacht des Fürsten. Und das Wissen hierum wird einen Verdacht im Feldherrn hervorrufen, der sich in Gefahr wähnen wird. Dadurch wird der Verdacht des Fürsten noch größer, denn er weiß, daß jemand, der sich in Gefahr wähnt, zu allem bereit ist. Und dasselbe wird natürlich auch der Feldherr vom Fürsten denken. Wir gelangen also zu einer Situation, in welcher der Fürst und der Feldherr ihre einzige Rettung nur darin sehen, ihren Gegenüber zu töten.

Kann diese Dynamik wirklich nicht aufgehalten werden? Im 30. Kapitel des ersten Buches der *Discorsi* läßt Machiavelli die Möglichkeit durchblicken, den zerstörerischen Konflikt zu vermeiden. Dort behauptet er nämlich, es gäbe zwei – und nur zwei – mögliche Handlungsweisen, die einen Wohltäter vor der höchsten Form der Undankbarkeit schützen können. Bevor wir diese zwei Handlungsweisen vorstellen, sei kurz darauf hingewiesen, daß wir es hier mit einer für Machiavelli typischen Denkfigur zu tun haben. Sehr oft stellt der Florentiner eine Situation so dar, als ob es nur zwei Möglichkeiten gäbe, um dem mit ihr gegebenen Problem zu entkommen, wobei jede dieser Möglichkeiten ein Extrem verkörpert. Man kann diesem Denkstil zwar vorwerfen, die Komplexität der Wirklichkeit zu mißachten, aber ist es Machiavelli doch zugute zu halten, daß er auf der Ebene des Denkens den Leser vor Extremsituationen stellt und ihn dann auffordert zu sagen, ob er, wenn ihm keine andere Wahl bliebe – und manchmal bleibt eben leider keine andere Wahl –, nicht doch den Weg des Bösen beschreiten würde.

Doch schließen wir diese Klammer und übergeben wir Machiavelli das Wort, damit er uns die beiden Handlungsweisen darstellt, mittels derer man sich vor der höchsten Form der Undankbarkeit schützen kann: „Entweder verläßt er das Heer gleich nach dem Sieg und begibt sich in die Hände seines Fürsten, wobei er von jeder herausfordernden oder ehrgeizigen Handlung absehen soll, damit der Fürst, von allem Verdacht befreit, einen Grund hat, ihn zu belohnen oder ihn nicht zu verletzen; oder, wenn dies ihm nicht als machbar erscheint, soll er mit voller Entschiedenheit den entgegengesetzten Weg gehen und sich so verhalten, als ob der Sieg und die Beute ihm und nicht dem Fürsten zukommen, und er soll sich die Unterstützung der Soldaten und der Untertanen zusichern; und neue Freundschaften soll er mit den Nachbarn eingehen, die Festungen soll er mit seinen Leuten besetzen, die Kommandanten seines Heeres soll er korrumpieren, und er soll sich gegen diejenigen absichern, die er nicht korrumpieren kann; und auf diese Weise soll er versuchen, seinen Herrn für diejenige Undankbarkeit zu bestrafen (punire), die dieser ihm gegenüber zeigen würde" (ebd.).

Begibt der Feldherr sich in die Hände seines Fürsten und verzichtet er freiwillig auf jede Ehre und jede Macht, die ihm aus seinem Sieg entspringen könnten, handelt er mit vollkommener Güte. Er verzichtet dann nämlich von sich selbst darauf, seinem Fürsten einen Schaden zuzufügen. Gleichzeitig gibt er dem Fürsten einen guten Grund, keinen Verdacht zu hegen. Er muß aber das Heer *gleich* nach dem Sieg verlassen – wie wir gesehen hatten, hegt der Fürst nämlich schon *unmittelbar* nach dem Sieg einen Verdacht. Und da, wie wir oben gesehen haben, der Verdacht eines der Elternteile der Undankbarkeit ist, wird der Fürst eventuell auf letztere oder doch zumindest auf deren schlimmste Form verzichten.

Beschreitet der Feldherr aber den anderen Weg und rebelliert er gegen seinen Fürsten, so handelt er mit vollkommener Bosheit. Dies könnte bei genauerem Hinsehen auch als ein Akt der Undankbarkeit angesehen werden, denn hätte der Fürst dem Feldherrn nicht das Kommando der Truppen anvertraut und somit auch sein Vertrauen in ihn gelegt, dann hätte dieser nicht den mit dem Sieg verbundenen Ruhm erringen können. Hier geschieht auch ein Tausch: Der Fürst gibt dem Feldherrn die Möglichkeit, Ruhm zu erlangen, und der Feldherr gibt dem

Fürsten die Möglichkeit, den Sieg zu erlangen. Allerdings kann es für den Fürsten gefährlich werden, den Feldherrn den Ruhm ernten zu lassen.

Machiavelli sagt dem Feldherrn nicht ausdrücklich und in der Form eines kategorischen Imperativs, welchen dieser beiden Wege er gehen soll. Aber zwischen den Zeilen läßt sich doch herauslesen, daß er dem Feldherrn rät, er solle zunächst versuchen, den Weg der huldvollen Hingabe zu gehen, also denjenigen Weg, durch dessen Beschreiten er wahrscheinlich keinen Verdacht in seinem Fürsten wird aufkommen lassen, und diesen demnach auch nicht zu einer Handlung der Undankbarkeit treiben wird. Erst wenn dieser Weg der huldvollen Hingabe als ein solcher erscheint, der nicht gangbar ist, soll der Feldherr den anderen Weg gehen.

Daß Machiavelli tatsächlich für eine Erwägung des Weges des Guten plädiert, geht aus einer Stelle der *Discorsi* hervor, in welcher der Autor das Schicksal der römischen Kaiser miteinander vergleicht (D I, 10: 92). Behalten wir hier nur das Fazit dieses Vergleichs zurück: Diejenigen Kaiser, die während ihrer Herrschaft den Weg des Guten beschritten haben, lebten frei von jedem Verdacht, wohingegen diejenigen, die den Weg des Bösen beschritten haben, ständig im Verdacht lebten mußten. Wer den Weg des Bösen aus Ehrgeiz beschreitet, wird nicht umhin kommen, aus Notwendigkeit auf diesem Weg bleiben zu müssen. Wer hingegen den Weg des Bösen *nur* aus Notwendigkeit beschreitet, kann zumindest darauf hoffen, diesen Weg nicht immer beschreiten zu müssen. Wer den Weg des Guten beschreitet, wo dieser beschritten werden kann, entgeht der Dynamik der Zerstörung.

Was könnte dazu führen, daß der gute Weg verschlossen ist? Einerseits die Natur des Feldherrn. Wenn dieser seine ehrgeizige Natur nicht in Zahm halten kann – und wir hatten gesehen, daß Machiavelli an einer Stelle durchblicken läßt, es sei unmöglich, sich zu mäßigen – und in der eben errungenen Popularität eine günstige Gelegenheit sieht, um zur höchsten Macht emporzusteigen, so wird der gute Weg nicht gangbar sein, zumindest dann nicht, wenn man voraussetzt, daß der Feldherr nicht über den Schatten seiner Natur springen kann. Er kann dann zwar das Gute sehen, aber unfähig sein, den guten Weg zu beschreiten. Ob und inwiefern die Menschen über ihre Natur verfügen können, soll im dritten Kapitel dieser Einführung genauer erörtert werden. Andererseits kann es aber auch sein, daß der Feldherr ganz genau weiß, daß der Fürst nicht in der Lage sein wird, Dankbarkeit zu zeigen, daß also diesmal das Problem nicht bei der Natur des Feldherrn, sondern bei derjenigen des Fürsten liegt. Vielleicht hat der Fürst schon in der Vergangenheit Handlungen äußerster Undankbarkeit ausgeführt, und zwar selbst gegenüber solchen Personen, die ihm versichert haben, sie hätten keine Absicht, seine Macht zu schmälern. Oder der Feldherr glaubt einfach nicht an die menschliche Güte – aber würde er dann überhaupt auf den Gedanken kommen, die Chancen zu evaluieren, über den Weg des Guten der höchsten Form der Undankbarkeit zu entkommen?

Angenommen, der Feldherr entscheidet sich für den zweiten Weg, also denjenigen des Bösen. Wie soll er dann vorgehen? Hier rät ihm Machiavelli, diesen Weg nicht halbherzig, sondern konsequent und rücksichtslos zu beschreiten. Hier zeigt sich mit aller Klarheit Machiavellis Ablehnung gegenüber jeder halbherzigen Maßnahme. Wenn man sich einmal für einen Weg entschieden hat, dann sollte man voll und ganz auf diesem Weg beharren, bis man sein Ziel erreicht hat – vorausgesetzt, die äußeren Umstände bleiben dieselben.

Wie schon oben angedeutet, sollte man nicht behaupten, daß Machiavelli die Menschen, oder auch nur die Fürsten, dazu einlädt, böse zu sein, als ob es bewundernswert wäre, böse zu sein. Der Weg des Bösen sollte eigentlich nur dann beschritten werden, wenn der Weg der Güte äußerst negative Konsequenzen hätte. Wüßte der Feldherr, daß der Fürst nicht vollkommen böse sein kann und ihm demnach die erbrachte Wohltat nicht mit Gewalt zurückzahlen wird, so könnte er es sich eventuell ‚leisten', vollkommen gut zu sein. Fehlt ihm aber diese Garantie, und ist mit aller Wahrscheinlichkeit damit zu rechnen, daß der Fürst nicht nur undankbar im ersten oder zweiten Sinn des Wortes sein wird, sondern mit dem dritten Pfeil der Undankbarkeit schießen wird, so bleibt dem Feldherrn nichts anderes übrig, als auch böse zu sein. Und eine ähnliche Bemerkung gilt selbstverständlich auch für den Fürsten.

In den *Discorsi* schreibt Machiavelli: „Wie es alle diejenigen beweisen, die über das geordnete Zusammenleben unter Gesetzen (vivere civile) schreiben, und wie es auch die vielen Beispiele zeigen, von denen die Geschichte voll ist, ist es notwendig für denjenigen, der eine Republik einrichten und ihr Gesetze geben will, vorauszusetzen, daß alle Menschen böse sind und daß sie immer von der Bosheit ihrer Seele Gebrauch machen werden, wenn man ihnen die Gelegenheit dazu läßt" (D I, 3: 81). Machiavelli sagt hier nicht ausdrücklich, daß die Menschen böse sind, sondern er rät dem Gesetzgeber nur, davon auszugehen, daß die Menschen böse sind. Gleichfalls gilt dieser Ratschlag nicht für eine schon bestehende Republik, sondern für eine einzurichtende Republik. Und was hier für die Republik gilt, gilt auch für ein Fürstentum.

Diese Diskussion wirft die Frage auf, mit welchen Erwartungen die Menschen einander begegnen sollen. Um wieder zu unserem Beispiel zurückzukommen: Soll der Fürst erwarten, daß der Feldherr seinen Ehrgeiz nicht zähmen kann und von der sich ihm darbietenden Gelegenheit profitieren wird, um die Macht an sich zu reißen? Und soll der Feldherr erwarten, daß der Fürst seinen Verdacht nicht wird unter Kontrolle halten können, ihm gegenüber undankbar sein wird und ihn bei der erstbesten Gelegenheit ins Jenseits befördern wird, von wo aus er die etablierte Macht des Fürsten nicht mehr bedrohen wird? Oder allgemeiner: Mit welchen Erwartungen sollen die Menschen einander in ihrem täglichen Leben begegnen?

Ein wichtiger Punkt, den man hier zurückbehalten sollte, ist, daß es in der von Machiavelli vorausgesetzten Welt kein natürliches Vertrauen gibt, ein Vertrauen also, das die Menschen von sich aus mitbringen und das demnach keine äußere Unterstützung braucht – wobei man sich berechtigterweise fragen kann, ob es ein solches überhaupt gibt oder jemals gegeben hat. Insofern zumindest schon einmal jemand undankbar gewesen ist, hat sich der Mensch als ein potentiell undankbares Wesen erwiesen. Somit gibt es einen plausiblen Grund für einen radikalen Zweifel an der Güte des anderen. Damit soll nicht gesagt werden, daß der andere böse ist und notwendigerweise böse handeln wird, sondern nur, daß man ein böses Handeln seinerseits nicht von vornherein ausschließen kann.

Und da es scheinbar auch Beispiele für ein extrem böses Handeln gibt, kann auch dieses nicht prinzipiell ausgeschlossen werden. Insofern gilt der Ratschlag, man solle nichts Gutes von den Menschen erwarten.

Das nicht von Natur aus immer schon gegebene Vertrauen kann aber durch die Kunst des Gesetzgebers hergestellt werden. Wie wir schon gesehen haben, werden die Gesetze als ein Bollwerk gegen die Undankbarkeit der Menschen eingeführt. Wo es gute und vor allem gut durchgesetzte Gesetze gibt, können die Menschen einander mit anderen Erwartungen entgegentreten, als da, wo es keine guten Gesetze gibt oder wo die Gesetze nicht gut durchgesetzt werden.

Eine, wenn nicht sogar die wichtigste Aufgabe des Gesetzgebers würde demnach darin bestehen, Bedingungen zu schaffen, in denen die Menschen keinen Grund mehr haben zu fürchten, daß man ihnen gegenüber böse handeln wird. Wo der Fürst keinen Grund mehr hat anzunehmen, daß der Feldherr von seiner Popularität profitieren wird, um die Macht an sich zu reißen, und wo der Feldherr keinen Grund mehr hat anzunehmen, daß der Fürst von seiner Macht Gebrauch machen wird, um ihn zu eliminieren oder auch nur davon absehen wird, ihn zu belohnen oder sich an den erwiesenen Dienst zu erinnern, und wo jeder weiß, daß diese Gründe bei ihrem Gegenüber wirksam sind, ist die Gefahr des Blutvergießens, wenn nicht vollständig gebannt, so doch erheblich reduziert. Wenn die Menschen vollkommen gut sein sollen, dann soll man sie auch in eine Situation versetzen, in denen sie ganz gut sein können. In diesem Sinne – der natürlich von dem Kantischen Sinne verschieden ist – impliziert auch bei Machiavelli das Sollen das Können.

4. Die Gerechtigkeit

Auch wenn die meisten politischen Denker sich nicht einig sind über ihre genaue Bedeutung, so spielt doch die Gerechtigkeit eine, wenn nicht sogar *die* zentrale Rolle in ihrer politischen Philosophie. Von Platons *Politeia* bis zu den neuesten Entwürfen von Rawls, Nozick u.a. wird die Frage aufgeworfen, worin die Gerechtigkeit besteht und wie ein gerechtes Gemeinwesen eingerichtet werden soll. Interessiert sich die Moralphilosophie um das gerechte Handeln des Einzelnen, so stellt sich die politische Philosophie die Frage nach der Gerechtigkeit der institutionellen Ordnung. Diese dem individuellen Handeln als Rahmen dienende Ordnung könnte nämlich sehr wohl die Zumutbarkeit des gerechten Handelns des Individuums begründen. Eine gerechte Ordnung sollte – auch – dem Individuum das gerechte Handeln zumutbar machen und die Situation vom ‚ehrlichen Dummen' nicht aufkommen lassen.

Sieht man sich in einer Geschichte der Gerechtigkeitstheorien die lange Liste der dort angeführten Denker an, so wird man gewöhnlich kaum auf den Namen Machiavellis stoßen. Damit wird der Eindruck erweckt, als ob die Problematik der Gerechtigkeit keinen Platz im Werk des Florentiners fände. Mag es nun auch durchaus der Fall sein, daß Machiavelli sich nicht systematisch mit der Frage der Gerechtigkeit auseinandergesetzt hat, so kann doch nicht behauptet werden, sie sei seinem Werk ganz fremd. Wir wollen im folgenden versuchen, die Grundelemente des Machiavellischen Verständnisses der Gerechtigkeit und ihrer Rolle in einem Gemeinwesen herauszuarbeiten.

In dem oben schon besprochenen Beispiel des siegreichen Feldherrn sagt Machiavelli im Zusammenhang mit der Wahl des zweiten, also des bösen Weges der Auflehnung, daß der Feldherr, wenn er diesen zweiten Weg wählt, den Fürsten *bestraft*. Die Wahl dieses Wortes ist einerseits interessant, aber zugleich auch komisch. Interessant ist sie insofern, als sie dem Handeln des Feldherrn eine normative Dimension verleiht. Komisch ist sie aber, insofern wir gewöhnlich davon ausgehen, daß man nur für eine Handlung bestraft werden kann, die in der Vergangenheit liegt und die man also schon begangen hat. Die undankbare Handlung des Fürsten hat aber noch nicht stattgefunden. Im Beispiel Machiavellis haben wir es also anscheinend mit einer vorgreifenden Bestrafung zu tun: Der Feldherr bestraft den Fürsten für eine Undankbarkeit, welche dieser ihm gegenüber *zeigen würde* (che esso gli userebbe). Der Konditional bringt klar und deutlich zum Ausdruck, daß der

Fürst die Handlung noch nicht begangen hat, daß er sie aber sehr wohl begehen würde, wenn man ihm die Gelegenheit dazu ließe. Und diese Gelegenheit kann der Feldherr ihm natürlich nicht lassen, da er sonst sein eigenes Leben aufs Spiel setzen würde.

Undankbarkeit und Strafe scheinen hier Bestandteile eines durch eine unabwendbare Notwendigkeit gekennzeichneten Rahmens zu sein. Die undankbare Handlung mag zwar sehr wohl noch nicht tatsächlich begangen worden sein, aber aufgrund ihrer Notwendigkeit wirft sie schon ihren Schatten auf die Wirklichkeit bzw. trägt diese Wirklichkeit diese Handlung schon in sich. Weil der Fürst notgedrungenerweise undankbar handeln würde, kann die noch nicht erfolgte undankbare Handlung zum Gegenstand einer Strafe gemacht werden. Oder sollte man vielleicht sagen: Weil der Fürst notwendigerweise undankbar sein wird, wenn man ihm die Gelegenheit dazu läßt, der Feldherr aber wahrscheinlich keine Möglichkeit haben wird, die tatsächlich gegen ihn ausgeführte undankbare Handlung zu bestrafen, tut er schon vor der Ausführung der Handlung das, wozu die Ausführung der Handlung ihn berechtigen würde. Der Fürst würde dann nicht gemäß dem bestraft, was er getan hat, sondern gemäß dem, was er als böser Mensch verdient. Er wird also für seinen bösen Charakter und nicht für seine böse Handlung bestraft – was natürlich nicht mit unserer heutigen Auffassung der Strafe in Einklang zu bringen ist.

Mit dem eventuellen Risiko, Machiavelli überzuinterpretieren, könnte man auch sagen, daß der Feldherr den Fürsten dafür bestraft, ihn in die Notwendigkeit versetzt zu haben, böse zu handeln. Daß Menschen dafür bestraft werden können, Situationen der Notwendigkeit geschaffen zu haben, geht aus einer Stelle der *Istorie* hervor, in welcher Machiavelli über das Schicksal des Ramondo de Cardona berichtet (IF II, 29: 677). Dieser Feldherr des florentinischen Heeres hatte festgestellt, daß die Florentiner sich ziemlich schnell einem Führer unterwerfen, wenn sie sich in einer Notsituation befinden. Da Ramondo die Macht an sich reißen wollte, hat er also versucht, die Florentiner in eine Notsituation zu bringen. Dieser Versuch ist ihm aber teuer zu stehen gekommen, da er im Krieg eine Niederlage einstecken mußte und dabei auch noch selbst ums Leben kam. Wozu Machiavelli folgenden Kommentar abgibt: „[...] Wegen seiner mangelnden Treue und seiner schlechten Ratschläge erhielt er von der Fortuna jene Strafe, die er von den Florentinern verdient hätte."

Der Fall Ramondos ist natürlich anders gelagert als derjenige des undankbaren Fürsten, da Ramondo die Handlung schon ausgeführt hat. Aber davon abgesehen, können wir in beiden Fällen einen Zusammenhang zwischen dem Schaffen einer Notwendigkeit und der Bestrafung feststellen. Ramondo will die Florentiner in eine Situation bringen, in welcher sie bereit sind, auf ein für sie wichtiges Gut – die Freiheit – zu verzichten. Der Fürst bringt den Feldherrn in eine Situation, in welcher dieser keine andere Wahl hat, als böse zu werden und somit sein Seelenheil aufs Spiel zu setzen. Wenn auch das Risiko einer Überinterpretation besteht, so kann doch nicht mit letzter Sicherheit ausgeschlossen werden, daß das Versetzen des Feldherrn in eine Situation, in welcher dieser nicht anders als böse handeln konnte, ein Grund ist, wieso er den Fürsten bestrafen kann.

Indem er ausdrücklich von einer Bestrafung des Fürsten spricht, wirft Machiavelli die Frage nach der Gerechtigkeit der Rebellion des Feldherrn auf. Erinnern wir in diesem Kontext noch einmal kurz an die eingangs dieses Kapitels zitierte Passage aus den *Discorsi*, in welcher Machiavelli die Entstehung der ersten menschlichen Gemeinschaften schildert. Dort hieß es, die Menschen hätten die Gesetze und Strafen eingeführt, um gegen die Undankbarkeit vorzugehen, von der sie alle möglicherweise betroffen sein konnten. Und weiter hieß es dort, daß die Menschen nach dem Aufstellen dieser Gesetze in der Lage waren, die Gerechtigkeit zu erkennen. Die Undankbarkeit scheint somit die oder doch zumindest eine Grundfigur der Ungerechtigkeit zu sein. Daraus würde dann folgen, daß der im Beispiel erwähnte Feldherr, der sich gegen seinen Fürsten auflehnt, um dessen Undankbarkeit zu entgehen, somit auch gegen die Ungerechtigkeit vorgeht bzw. gegen eine vorauszuahnende Ungerechtigkeit. Insofern auch die Gesetze der Ungerechtigkeit vorbeugen sollen, könnte man behaupten, daß der Feldherr in einem bestimmten Sinn die Rolle der Gesetze übernimmt. Mit dem großen Unterschied allerdings, daß wo das Gesetz eine Strafe lediglich in Aussicht stellt für denjenigen, der ungerecht handeln wird, ohne aber diese Strafe schon vor der begangenen Handlung zu applizieren, der Feldherr die Strafe schon appliziert, noch bevor die Handlung überhaupt begangen wird. Aber in beiden Fällen ist die normative Dimension der Ungerechtigkeit gegeben.

Der Gerechtigkeit waren wir auch an einer Stelle des *Principe* begegnet, in der Machiavelli uns mitteilte, daß es zweierlei Überlegungen geben kann, welche ein siegreiches und mächtiges Gemeinwesen davon abhalten können, einen Verbündeten zu unterwerfen, der einem während einer siegreich zu Ende geführten Schlacht beigestanden hat: das Ehrgefühl und die Gerechtigkeit. Auf das Ehrgefühl waren wir schon oben genauer eingegangen. Was die Gerechtigkeit betrifft, so erwähnt Machiavelli sie im Zusammenhang mit dem Gedanken, daß die Siege nicht immer klar und deutlich ausfallen, daß also die siegreiche Seite niemals derart mächtig ist, daß sie sich nicht mehr zu fürchten braucht. Um diesen Gedanken angemessen zu verstehen, muß man sich zu Gemüte führen, daß zur Zeit Machiavellis viele, wenn nicht sogar die meisten Heere aus einer Vielzahl von kleinen Truppenverbänden, oft aus Söldnern zusammengesetzt, bestanden, die unter der Führung ihres eigenen Feldherrn kämpften. Somit bestand das Risiko, daß die Hauptmacht eines siegreichen Bündnisses plötzlich von einigen Truppenverbänden verlassen wurde, was zu einer ganz neuen Verteilung der Kräfteverhältnisse führen konnte.

Was Machiavelli sagen will, ist, daß es oft im Interesse des Siegers sein kann, gerecht zu sein, d.h. den Verbündeten nicht zum Opfer der Undankbarkeit zu machen, denn es könnte sehr wohl der Fall wieder eintreten, wo man die Hilfe dieses Verbündeten erneut braucht bzw. kann es für den Sieger ein risikoreiches Unternehmen sein, aus dem ehemaligen Verbündeten einen neuen Feind zu machen, indem man ihm gegenüber undankbar ist. Dieser neue Feind könnte sich nämlich auf die Seite des geschlagenen Gegners stellen und diesem somit eine neue Hoffnung geben.

Kooperation und Gerechtigkeit hängen eng miteinander zusammen. Da die Menschen als Mitglieder von Gemeinwesen auf die Kooperation angewiesen sind, und da die Kooperation nur dort stabilisiert werden kann, wo Gerechtigkeit herrscht, ist es notwendig, gerecht zu sein, wenn man die Kooperation weiter aufrechterhalten will.

Wenn wir das bisher Gesagte betrachten, so läßt sich behaupten, daß man die Gerechtigkeit bei Machiavelli durchaus im Sinne des *suum cuique tribuens* deuten kann.[1] Gerecht ist man, wenn man jedem das zukommen läßt, was das Seine ist, oder was er verdient. Folglich ist man dann ungerecht, wenn man nicht jedem das zukommen läßt, was das Seine ist oder worauf er einen legitimen Anspruch erheben kann. Das setzt natürlich voraus, daß irgendwie feststeht, was einem zukommt und worauf man keinen Anspruch erheben kann.

Der paradigmatische Fall betrifft in diesem Zusammenhang die Dankbarkeit einem Wohltäter gegenüber. Der Wohltäter kann zumindest jenen minimalen Anspruch erheben, daß der Empfänger der Wohltat davon absieht, ihm einen Schaden zuzufügen. Geht man über diese reine Unterlassungspflicht hinaus, so würde der Wohltäter vom Empfänger der Wohltat verlangen können, daß er sich an die Wohltat erinnert und sich zu einem späteren Zeitpunkt revanchiert oder daß er zumindest den Wohltäter belohnt, und sei es nur, indem er sich bei ihm bedankt. Höchst ungerecht handelt man also in diesem Sinne, wenn man einem Wohltäter einen Schaden zufügt.

Legt man die Passage aus den *Discorsi* zugrunde, in welcher Machiavelli die Entstehung der ersten Gemeinwesen beschreibt, so wird man festhalten können, daß die Menschen im allgemeinen nicht zum Opfer der Undankbarkeit werden wollen. Führen wir uns noch einmal den genauen Wortlaut der relevanten Stelle in Erinnerung: „[U]nd da sie dachten, daß auch sie ein solcher Schaden treffen konnte, sie aber ein solches Übel fliehen wollten, sahen sie sich gezwungen, Gesetze zu machen und Strafen für diejenigen vorzusehen, die diesen Gesetzen zuwiderhandelten: hieraus erwuchs die Erkenntnis der Gerechtigkeit". Am Ursprung der Gesetze steht somit der Wunsch eines jeden einzelnen, nicht zum Opfer der Undankbarkeit zu werden, und zwar besonders jener schlimmsten Form der Undankbarkeit, die in der Zufügung eines Schadens besteht. Die in den Gesetzen enthaltene Strafandrohung soll die Menschen davon abhalten, undankbar zu sein. Das setzt natürlich voarus, daß der Wunsch, der Strafe zu entgehen, stärker ist als die Tendenz, undankbar zu sein.

Die Tatsache, daß Machiavelli die Erkenntnis der Gerechtigkeit erst nach dem Aufstellen der Gesetze erwähnt, könnte vermuten lassen, daß er die Gerechtigkeit mit dem Gesetz gleichsetzt, daß er also keine dem Gesetz transzendente Gerechtigkeit anerkennt. Insofern wäre Machiavelli ein Rechtspositivist, wenn man darunter einen Denker versteht, der die Möglichkeit einer rechtsethischen Kritik am Gesetz ausschließt.

Bevor man aber diesen voreiligen Schluß zieht, sollte man berücksichtigen, daß Machiavelli – und deshalb war es wichtig, sich noch einmal den genauen Wortlaut der Passage in Erinnerung zu rufen – die *Erkenntnis* der Gerechtigkeit aus dem Aufstellen von Gesetzen ableitet, nicht aber ausdrücklich auch die *Existenz* der Gerechtigkeit. Das positive Gesetz erscheint somit lediglich als der Erkenntnisgrund der Gerechtigkeit, nicht aber unbedingt auch als ihr Seinsgrund. Auch wenn Machiavelli nicht explizit die Existenz einer transzendenten Gerechtigkeit behauptet, so kann doch nicht gesagt werden, daß er sie – zumindest an dieser Stelle – explizit leugnet. Man könnte ihm höchstens vorwerfen, sich nicht ernsthaft für die Frage nach dem ontologischen Wesen der Gerechtigkeit zu interessieren.

Eine wahre Lobeshymne auf die Gerechtigkeit finden wir in der ‚Ansprache an einen Magistraten' (Allocuzione fatta ad un magistrato), ein kurzer Text aus der Zeit, als Machiavelli im Dienste der Signoria stand, und welcher ganz der Thematik der Gerechtigkeit gewidmet ist (TO: 36). Auch wenn es sich dabei um ein Gelegenheitsprodukt handelt, bei dem der Redner die Konventionen des Genres beachten mußte, kann er trotzdem als Ausdruck der Gedanken Machiavellis angesehen werden. Der Autor spielt in diesem Text auf eine Geschichte an, die man bei den antiken Dichtern finden kann. Diese Dichter stellten die Menschen im ursprünglichen Zustand als derart gut dar, daß selbst die Götter es nicht für ihrer unwürdig hielten, unter ihnen zu leben. Nach und nach wurden die Menschen aber immer schlechter, so daß die Götter sich einer nach dem anderen von der Welt der Menschen verabschiedeten. Die letzte Gottheit, die blieb, war die Gerechtigkeit. Dies zeige, so Machiavelli, die Notwendigkeit, in der sich die Menschen befinden, sich den Gesetzen der Gerechtigkeit zu unterwerfen, wie verabscheuungswürdig sie auch sonst sein mögen. Doch schließlich hat sich auch die Gerechtigkeit zurückgezogen: „Die Gerechtigkeit, nachdem sie sich in den Himmel zurückgezogen hat, ist nie wieder an alle Orte zurückgekehrt, in welchen Menschen leben, aber doch sehr wohl in diese oder jene Stadt, die, als sie die Gerechtigkeit bei sich aufnahm, groß und mächtig wurde" (ebd.). Als Beispiele für solche glücklichen Städte führt Machiavelli Athen und Rom an.

Die ‚Ansprache an einen Magistraten' könnte den Gedanken nahelegen, daß alle Menschen die Gerechtigkeit ursprünglich gekannt, daß sie sie dann aber vergessen haben. Ursprünglich lebten die Menschen von sich aus gerecht, da sie gut waren und die Göttin *Giustizia* persönlich unter ihnen weilte. Als die Göttin sich aber angesichts der sich ausbreitenden Laster entfernt hatte, vergaßen die Menschen die Gerechtigkeit. Die Rolle der positiven Gesetze würde dann darin bestehen, die Menschen wieder an die Gerechtigkeit zu erinnern.

Unnütz zu sagen, daß das eben besprochene Bild des menschlichen Urzustandes nicht ganz mit demjenigen übereinstimmt, das wir in den *Discorsi* finden. Doch wie es auch immer um den Wahrheitsanspruch der beiden Beschreibungen des Urzustandes der Menschen stehen mag, wichtig ist für unsere Zwecke, daß in beiden die Gerechtigkeit eine ausschlaggebende Rolle spielt. Es ist demnach schlicht und einfach falsch zu behaupten, Machiavelli hätte die Frage der Gerechtigkeit ignoriert. Er hat sehr wohl die Rolle erkannt, welche die Gerechtigkeit im Zusammenleben der Menschen spielen kann. Ohne die Gerechtigkeit ist kaum an ein *vivere civile* zu denken.

Im allgemeinen ruft ungerechtes Handeln, und besonders Undankbarkeit in ihrer tödlichsten Form, Haß hervor. Wer sich ungerecht behandelt fühlt, wird dem Autor dieser Ungerechtigkeit gegenüber Haß empfinden. Jeder sollte aber darauf bedacht sein, sich nicht hassenswert zu machen, da man, wenn man zum Gegenstand des Hasses wurde, und vor allem wenn man von vielen oder auch nur von wenigen, aber einflußreichen und mächtigen Personen gehaßt wird, eine Situation schafft, in der Gewalt herrschen wird, eine Gewalt, der man letztlich selbst zum Opfer fallen kann. Ungerechtigkeit ruft Haß hervor, Haß ruft Gewalt hervor, Gewalt ruft Gewalt hervor, und die Ingangsetzung dieser Gewaltspirale kann für das Gemeinwesen tödlich sein. Will man also das Gemeinwesen vor dem Untergang bewahren, muß man sich vor der Ungerechtigkeit hüten – es sei denn, die Situation sei derart, daß die Ungerechtigkeit notwendig ist, um das Gemeinwesen zu retten.

Die soeben erwähnte Thematik des Hasses spielt eine große Rolle im Werke Machiavellis. Sicherlich nicht zufälligerweise trägt eines der längsten Kapitel des *Principe* die Überschrift „De contemptu et odio fugiendo" – „Vor der Geringschätzung und dem Haß soll man fliehen". In diesem Kapitel rät Machiavelli dem Fürsten, keine solchen Handlungen zu begehen, die ihn verachtungs- und hassenswürdig machen könnten. Macht er sich nämlich hassens- und verachtungswürdig, so setzt er die Stabilität seiner Macht aufs Spiel, aber auch den inneren Frieden seines Herrschaftsbereichs. Umgekehrt, wenn er sich gerecht verhält, so macht er sich nicht hassenswürdig, und wenn er sich nicht hassenswürdig macht, so stabilisiert er seine Macht und gibt dem inneren Frieden und der Größe seines Staates eine festere Basis. Was für den Fürsten gilt, gilt übrigens auch für eine Republik. So heißt es in einem kurzen Text aus dem Jahre 1506 (überschrieben: Provvisioni della repubblica di Firenze per istituire il magistrato de' nove ufficiali dell'Ordinanza e Milizia fiorentina, dettate da Niccolo Machiavelli), eine gute und stabile Republik habe zwei Fundamente, die Gerechtigkeit und die Waffen (TO: 40).

Hier zeigt sich ganz deutlich, daß Machiavelli keineswegs daran denkt, die politische Macht *nur* auf die Gewalt zu gründen. Wenn die Gewalt eine Rolle zu spielen hat, dann ist es vor dem Hintergrund der Gerechtigkeit: Manchmal kann sich die Gewalt als ein notwendiges Übel erweisen, auf das man aber zurückgreifen muß, um die Bedingungen der Möglichkeit der Gerechtigkeit herzustellen. Wo die Menschen nicht von sich aus dankbar sind, müssen sie dazu gezwungen werden, gerecht zu sein, notfalls durch Gewalt.

Die Gerechtigkeit ist aber nicht nur wichtig, um die Stabilität eines Gemeinwesens zu bewahren. Sie spielt auch eine große Rolle, wenn ein Eroberer sich die Unterstützung eines von ihm eroberten Volkes sichern will. In *Dell'arte della guerra* führt Machiavelli das Beispiel Scipios an: „Aber unter allen Dingen mit Hilfe derer die Feldherren die Völker für sich gewinnen, sind die Beispiele von Keuschheit und Gerechtigkeit zu erwähnen; wie etwa dasjenige Scipios in Spanien, als er jenes schöne junge Mädchen dem Vater und dem Ehemann zurückgab; was für die Eroberung Spaniens eine größere Wirksamkeit hatte als die Waffen" (AG VI: 376). Hätte Scipio das Mädchen für sich behalten und es entehrt, hätte er sich den Haß nicht nur des Vaters und des Ehemannes zugezogen, sondern er wäre wahrscheinlich auch für einen großen Teil des spanischen Volkes hassenswert geworden. Und dieser Haß hätte ihn in die Notwendigkeit versetzt, den Weg des Bösen einzuschlagen, um Spanien zu erobern und diese Eroberung zu festigen. Durch seine beispielhafte Gerechtigkeit – er gab dem Vater und dem Ehemann die Tochter bzw. Ehefrau zurück, die ihnen ‚gehörte' – gelang es ihm aber, die Sympathie des spanischen Volkes zu gewinnen, das sich ihm somit freiwillig unterwarf. Man könnte sagen, daß Scipio auf diese Weise ein positives Bild von sich vermittelte, das Bild eines Menschen, auf den Verlaß ist. Indem er die Tochter und Ehefrau zurückgab, nahm Scipio außerdem allen spanischen Vätern und Ehemännern die Furcht, ihre Töchter bzw. Ehefrauen an den römischen Eroberer zu verlieren.

Die Wichtigkeit der Gerechtigkeit kommt noch an anderen Stellen zum Vorschein. So heißt es etwa in den *Discorsi*, unmittelbar nachdem Machiavelli die Erkenntnis der Gerechtigkeit aus dem Aufstellen von Gesetzen hat entspringen lassen: „Dies bewirkte, daß sie [scil. die Menschen N.C.], als sie einen Fürsten zu wählen hatten, nicht dem mutigsten, sondern dem besonnensten (prudente) und gerechtesten folgten" (D I, 2: 80). Die Gerechtigkeit des Fürsten bzw. der vermutete Wille des Fürsten, die Gerechtigkeit walten zu lassen, wird hier zu einem ausschlaggebenden Kriterium seiner Wahl. Allerdings kann der Fürst die Gerechtigkeit nur walten lassen, wenn er auch mutig genug ist, um die Mehrzahl der Menschen vor den Ungerechten zu beschützen.

Der Haß und die Furcht – die aus dem Verdacht entspringt, Opfer einer gewalttätigen Handlung zu werden – sind für Machiavelli zwei der Haupttriebfedern des menschlichen Handelns: „Denn die Menschen verletzen (offendono) entweder aus Furcht oder aus Haß" (P VII: 269). Wer demnach ein Gemeinwesen errichten will, in dem die Menschen einander nicht verletzen, und das heißt dann auch ein Gemeinwesen, in dem die Menschen gemäß der Gerechtigkeit leben, muß dafür sorgen, daß die Menschen einander nicht fürchten und daß sie sich nicht gegenseitig hassen. Die Beseitigung des Hasses und der Furcht ist insofern die Bedingung der Möglichkeit eines gerechten Handelns. Oder wenn nicht ihre Beseitigung, dann wenigstens ihre Zähmung, damit sie nicht zu gewalttätigen Handlungen führen.

5. Der Ehrgeiz

Haß und Furcht sind zwei Triebfedern, die erst dann wirksam werden, wenn eine andere Person uns einen Grund gegeben hat, sie zu hassen und sie zu fürchten. Handelten alle Menschen gut, gäbe es keinen guten Grund mehr, sie zu fürchten oder sie zu hassen, und demnach auch keinen guten Grund mehr, sie zu verletzen. So schreibt Machiavelli z.B. im Anschluß an seine schon zitierte Definition der Herrschaft als ein Mittel, um die Untertanen so zu halten, daß sie den Fürsten nicht mehr verletzen können oder ihn nicht mehr zu verletzen brauchen: „[D]ies wird entweder dadurch erreicht, daß Du Dich in allem vor ihnen absicherst, indem Du ihnen jeden Weg versperrst, Dir zu schaden, oder indem Du ihnen Gutes tust (beneficarli), so daß es keinen vernünftigen Grund mehr für sie gibt (non sia ragionevole), eine Veränderung ihres Schicksals herbeizuwünschen" (D II, 23: 179). Wo der Fürst mit dem Wohlwollen der Untertanen rechnen kann, braucht er sich nicht davor zu fürchten, daß man seinen Herrschaftsanspruch in Frage stellen und gegebenenfalls gegen ihn komplottieren wird. Indem er also den Gründen entgegenwirkt, die seine Untertanen zum Haß gegen ihn verleiten können, wirkt er gleichzeitig den Gründen entgegen, die seine Furcht gegenüber seinen Untertanen begründen könnten.

Der Haß und die Furcht sind Triebfedern, die immer auf Handlungen anderer Personen verweisen. Gelingt es, die Handlungen dieser anderen Personen zu unterbinden, dann gibt es keinen Grund mehr für Haß und Furcht. Die Aufgabe eines weisen Gesetzgebers würde somit darin bestehen, diejenigen Handlungen durch Gesetz zu verbieten, die Haß oder Furcht aufkommen lassen könnten. Das kann u.a. auch bedeuten, daß der Gesetzgeber sich selbst bzw. die auf ihn folgenden Herrscher durch das Gesetz bindet. Das Gesetz ist das Mittel, das ein allgemeines Vertrauensklima schaffen soll, so daß das Motiv der Furcht nicht mehr zu gewalttätigen Handlungen führt. Um dieses Ziel zu erreichen, muß das Gesetz natürlich auch durchgesetzt werden.

Wie wir gesehen haben, kann Undankbarkeit ein Grund sein, wieso man Haß oder Furcht verspürt. Die Undankbarkeit ist aber nicht das einzige von Machiavelli in Gedichtform behandelte Laster. Wie schon angedeutet, ist in den sogenannten ‚Capitoli' auch ein Gedicht der *ambizione*, also dem Ehrgeiz gewidmet. Mit diesem ebenfalls politisch tödlichen Laster wollen wir uns im folgenden befassen.[2]

Das an Luigi Guicciardini gerichtete Gedicht ‚Dell'ambizione' beginnt mit der Feststellung, daß der Ehrgeiz und die Habsucht überall herrschen und schon seit Anfang der Zeiten das menschliche Zusammenleben vergiften – was den idyllischen Anfang, von dem in der ‚Ansprache an einen Magistraten' die Rede ist, in Frage stellt. Gäbe es den Ehrgeiz nicht, so Machiavelli, dann „wäre unser Dasein sehr glücklich" (TO: 983). Es waren der Ehrgeiz und die Habsucht, welche dem ersten Brudermord Pate standen, und seitdem sind sie die immer wiederkehrenden Hauptursachen der Kriege und Verbrechen. Ist die Undankbarkeit eine, wenn nicht sogar die paradigmatische Form der Ungerechtigkeit, so sind der Ehrgeiz und die Habsucht an der Wurzel der Ungerechtigkeit: „Jedem ist das Gut des anderen ein Dorn im Auge / und deshalb immer mit Anstrengung und Mühe / ist er sorgsam auf des Andern Übel bedacht. / Hierzu führt uns ein natürlicher Instinkt / aus eigenem Antrieb und mit eigener Kraft / wenn das Gesetz oder eine höhere Kraft uns nicht zurückhält" (TO: 985).

In den *Discorsi* heißt es hinsichtlich des Ehrgeizes: „Denn, jedesmal wenn die Menschen nicht mehr aus Notwendigkeit kämpfen müssen, kämpfen sie aus Ehrgeiz; dieser ist so mächtig in der menschlichen Brust, daß er sie nie verläßt, wie hoch sie sich auch schwingen können. Der Grund hierfür ist, daß die Natur die Menschen so geschaffen hat, daß sie alles anstreben können, aber nicht alles erreichen können; und da die Begierde immer größer ist als die Macht, in Besitz zu nehmen, hat dies zur Folge, daß die Menschen immer unzufrieden mit dem sind, was sie haben, und auch die geringe Befriedigung damit. Hieraus erwächst das Wandeln ihres Schicksals: denn da ein Teil der Menschen mehr haben will, ein anderer sich aber davor fürchtet, seinen Besitz zu verlieren, kommt es zu Feindschaften und zum Krieg; und hieraus erwächst der Untergang dieser Provinz und die Erhöhung jener" (D I, 37: 119).

Der Ehrgeiz wird hier als ein fester Bestandteil der menschlichen Natur betrachtet. Er erwächst aus einer mit der *conditio humana* gegebenen Unzufriedenheit, eine Unzufriedenheit, die wir eineinhalb Jahrhunderte später auch bei Hobbes wiederfinden werden. Sind einerseits die menschlichen Begierden unbegrenzt, d.h., können sie sich prinzipiell auf jeden Gegenstand erstrecken, so ist andererseits der Mensch nicht in der Lage, sich auch tatsächlich alles anzueignen, wonach er streben kann. Und an dieser Grundtatsache ist nichts zu ändern, da sie mit der Natur des Menschen als eines beschränkten Wesens zusammenhängt. Dies bewirkt eine fundamentale Unzufriedenheit, da man sich nie zufriedengibt, mit dem, was man hat, und immer nach mehr strebt. Die Menschen, so heißt es auch noch in den *Discorsi*, „tun diesen Fehler, daß sie ihren Hoffnung keine Grenzen setzen können; und sich auf diese gründend, und sich nicht anders einschätzend, gehen sie zugrunde" (D II, 27: 187). Deutlicher könnte die Machiavellische Kritik an der Maßlosigkeit des menschlichen Ehrgeizes nicht ausfallen. Anstatt sich realistisch einzuschätzen und einzusehen, daß sie nicht alles *haben* können, wonach sie prinzipiell *streben* können, folgen die Menschen blind ihrem Ehrgeiz und gehen dabei zugrunde. Die Unzufriedenheit führt die Menschen dazu, sich noch mehr aneignen zu wollen, als sie schon haben und mehr als sie eigentlich brauchen. Da nun nicht jeder bereit ist, freiwillig etwas von dem Seinen abzutreten, damit ein anderer davon Besitz ergreifen kann, kommt es notgedrungenerweise zu gewaltsamen Konflikten. Und da niemand derart mächtig ist, daß er in der Lage wäre, alle seine Gegner unschädlich zu halten, ist damit zu rechnen, daß jeder eines Tages auf einen Gegner stoßen wird, der ihn besiegt.

Im Gedicht ‚L'asino' heißt es von den Mächtigen, daß sie nie durch ihre Macht besättigt sind, und somit nach einer immer größeren Macht streben. Aber dieses Streben führt zum Untergang der Königreiche. Und dann heißt es weiter: „Diese Begierde zerstört die Staaten: / und dies ist umso erstaunlicher, als jeder / diesen Fehler kennt, aber niemand vor ihm flieht" (TO: 966). Auch hier wird der übermäßige Ehrgeiz als ein Fehler (error) bezeichnet. Damit ist natürlich kein moralisches Urteil über den Ehrgeiz gefällt, sondern lediglich ein Klugheitsurteil: Für einen Fürsten ist es nicht klug, zu ehrgeizig zu sein, da er dadurch seine Herrschaft und gegebenenfalls auch sein eigenes Leben aufs Spiel setzt.

Mögen die Menschen diesen Fehler nicht einsehen, während sie ihrem Ehrgeiz freien Lauf lassen, so scheinen sie doch auf dem Todesbett etwas klüger zu werden. Paradigmatisch ist hier die Geschichte des Castruccio Castracani, eines *condottiere*, der seinem Ehrgeiz zunächst keine Grenzen setzt. Dann erkrankt er plötzlich während einer Schlacht, und diese Krankheit bringt ihn aufs Todesbett. Dort sagt er zum Sohn seines früheren Wohltäters – den er nach dem Tod des letzteren als seinen eigenen Sohn betrachtet: „Mein Sohn, wenn ich gewußt hätte, daß Fortuna mich hinwegraffen wollte, als ich die halbe Strecke zurückgelegt hatte auf jenem Weg, der mich zu dem Ruhm führen sollte, den ich mir aufgrund meiner Erfolge versprochen hatte, hätte ich mich weniger angestrengt, und ich hätte Dir einen kleineren Herrschaftsbereich (stato) hinterlassen, weniger Feinde und weniger Neid. Denn zufrieden mit der Herrschaft über Lucca und Pisa, hätte ich nicht die Einwohner Pistoias unterworfen und hätte auch die Florentiner nicht mit so vielen Beleidigungen (ingiurie) gereizt; sondern, indem ich Freundschaft mit diesen beiden Einwohnerschaften (popoli) geschlossen hätte, hätte ich, wenn nicht ein längeres, so doch bestimmt ein ruhigeres Leben geführt, und Dir hätte ich zwar einen kleineren Herrschaftsbereich überlassen, aber dieser wäre ohne Zweifel sicherer und gefestigter gewesen" (TO: 625). Castruccio bereut hier seine *Hybris*, und dies aus zwei

Gründen. Neben dem rein privaten Grund – die Führung eines ruhigeren Lebens – erwähnt er nämlich auch einen politischen Grund: Die Stabilisierung der Herrschaft. Mag auch der Ehrgeiz dazu beitragen, den Herrschaftsbereich zu vergrößern, so sollte man sich doch immer vor Augen führen, daß diese Vergrößerung zu einer Schwächung der Macht über diesen Herrschaftsbereich führen kann. Wer seinen Herrschaftsbereich aus Ehrgeiz über das Notwendige hinaus vergrößert, riskiert es am Schluß leichter zu verlieren.

Machiavelli macht einen wichtigen Unterschied zwischen einem Kämpfen aus Notwendigkeit und einem Kämpfen aus Ehrgeiz. Gemeint ist damit, daß die einen kämpfen, weil sie unzufrieden mit dem sind, was sie haben, wohingegen die anderen aus der Notwendigkeit heraus kämpfen, sich gegen die ersten zu verteidigen, um wenigstens das zu behalten, was sie schon haben. Kämpfen die ersten aus Unzufriedenheit, kämpfen die letzteren aus Furcht. Und wo ihnen das, was sie besaßen, weggenommen wurde, kann Haß entstehen. Und wie wir wissen, kann dieser Haß auch ein Grund sein, wieso man auf Gewalt zurückgreift.

In den *Istorie* bemerkt Machiavelli: „Denn die Guten (i buoni), da sie auf ihre Unschuld bauen, suchen nicht, wie die Bösen (i cattivi), nach jemandem, der sie auf außergesetzlichem Wege (estraordinariamente) verteidigt und ehrt, was dazu führt, daß sie unverteidigt und ungeehrt untergehen. Hieraus erklärt sich die Vorliebe für die Parteien und deren Macht; denn die Bösen folgen ihnen aus Habsucht und Ehrgeiz, die Guten aus Notwendigkeit" (IF III, 5: 693). Die Guten wollen in Ruhe und Frieden leben, zufrieden mit dem, was sie haben. Die Bösen hingegen werden von der Habsucht und dem Ehrgeiz getrieben; sie versuchen, sich immer mehr anzueignen und sich immer mehr Menschen untertan zu machen. Ziel der gesetzlichen Ordnung ist es, die Guten vor den Übergriffen der Bösen zu schützen, indem böses Handeln unter Strafe gestellt wird. Wo dies nicht gelingt, wo die Bösen ungehindert auf außergesetzlichen Wegen gehen können und in den Guten somit die Furcht erwecken, ihr Eigentum, ihre Freiheit oder sogar ihr Leben zu verlieren, scheint den Guten kein anderer Weg offen zu bleiben, als selbst böse zu handeln. Sie werden dann aber nicht, wie die Bösen, aus Ehrgeiz kämpfen, sondern aus Notwendigkeit.

Wir hätten somit bei Machiavelli eine in zwei Richtungen wirkende Notwendigkeit. Wo das Gemeinwesen schlecht geordnet ist, kann es vorkommen, daß die Guten aus Notwendigkeit böse sein müssen. Handeln sie nicht böse, so werden sie untergehen und diejenigen, die aus freier Entscheidung böse gehandelt haben, werden die Übermacht gewinnen. Wo aber umgekehrt das Gemeinwesen gut geordnet ist, werden die Bösen aus Notwendigkeit gut sein müssen. Handeln sie nicht gut, so werden sie der gesetzlich vorgesehenen Strafe unterworfen. Und wie es in den *Discorsi* heißt: „[D]ie Menschen tun niemals etwas Gutes, es sei denn aus Notwendigkeit" (D I, 3: 82).

Das heißt nun aber nicht, daß Machiavelli davon ausgeht, daß bestimmte Menschen von Natur aus gut und andere von Natur aus böse sind. Von Natur aus sind alle Menschen gleich, da sie von Natur aus alle dieselben Begierden und Leidenschaften haben. Die menschliche Natur ist für Machiavelli ein durch die institutionelle Ordnung zu gestaltendes oder in bestimmte Richtungen zu lenkendes Material. Die Tendenz zum Ehrgeiz, zur Habsucht, zur Undankbarkeit wohnen in der Brust eines jeden Menschen und können sich demnach bei jedem Menschen bemerkbar machen. Ob sie sich bemerkbar machen und vor allem ob sie sich auf eine sozial schädliche, sprich das Gemeinwesen zersetzende Art und Weise bemerkbar machen, wird von den objektiven Bedingungen abhängen. Hierzu zählen vor allem das Quantum der schon erworbenen Macht, aber auch die Qualität der gesetzlichen Ordnung. Derjenige, dessen Natur schon ‚zivilisiert' ist, wird nur aus Notwendigkeit böse handeln, und derjenige, dessen Natur noch nicht ganz oder nicht mehr ganz ‚zivilisiert' ist, wird nur aus Notwendigkeit gut handeln.

Somit präzisiert sich die Aufgabe des weisen Gesetzgebers: Er muß versuchen, die Menschen davon abzuhalten, aus Ehrgeiz zu verletzen. Wenn nämlich niemand mehr aus Ehrgeiz verletzt bzw. wenn jeder gute Gründe hat anzunehmen, daß niemand mehr aus Ehrgeiz verletzen wird, dann wird man auch keine Gründe mehr haben, aus Furcht oder aus Haß zu verletzen. Oder anders formuliert: Wo die Guten wissen, daß die

Bösen keine andere Wahl haben, als gut zu handeln, werden sie nicht mehr vor die Notwendigkeit gestellt, böse zu handeln.

In der allerletzten Zeile seines Gedichtes ‚Dell'ambizione', erwähnt Machiavelli zwei Möglichkeiten, wie man den die Toskana in Brand setzenden Ehrgeiz zum Erlöschen bringen kann: Die Gnade oder eine bessere Ordnung (grazia o miglior ordin) (TO: 987). Damit wiederholt er einen Gedanken, dem wir schon in einer zuvor zitierten Stelle des Gedichtes begegnet waren, als Machiavelli von dem Gesetz und der höheren Kraft sprach. In der Schlußzeile wird diese höhere Kraft mit dem Namen genannt: Es ist die göttliche Gnade, welche die menschliche Natur von dem Gift des Ehrgeizes befreien kann.

Dieser Hinweis auf die göttliche Gnade ist sicherlich mehr als eine bloß literarische Konvention. Mit ihr wollte Machiavelli wahrscheinlich auf Savonarolas Reformversuche anspielen. Obwohl Savonarola, wie Machiavelli, den guten Gesetzen eine wichtige Rolle zusprach, glaubt der Dominikanermönch doch auch, daß Gott den sich ihm zuwendenden Menschen auf dem Weg der inneren Besserung beistehen würde, daß also die Genesung des desolaten Zustandes von Florenz sowohl das Werk der göttlichen Gnade wie auch der guten Gesetze sein würde. Im *Compendio di rivelazioni* heißt es etwa, daß „dank der Buße, die göttliche Gnade das florentinische Volk von äußerst schlimmen Gefahren befreit hat."[3] Muß auch der Mensch selbst den Weg der inneren Besserung beschreiten und wird Gott nicht seine Natur ändern – eine Natur, die bei Savonarola auch die Tendenz zum Bösen in sich enthält –, so wird Gott doch dem willigen Menschen beistehen und dafür sorgen, daß seine Anstrengungen nicht umsonst sind. Im zweiten Kapitel werden wir genauer auf Savonarola eingehen.

Daß auch Machiavelli an die Möglichkeit eines göttlichen Eingriffs glaubte, ist höchst unwahrscheinlich. Für ihn zählt in erster Linie, wenn nicht sogar ausschließlich die gesetzliche Ordnung. Die menschliche Natur ist, was sie ist, und der Gesetzgeber muß davon ausgehen, daß sie so bleiben wird, wie sie ist. Es kann somit nicht das Ziel des Gesetzgebers sein, die menschliche Natur zu verändern. Das heißt aber nicht, daß der Gesetzgeber vor der menschlichen Natur kapitulieren und daß er sie ihre zersetzenden Wirkungen frei entfalten lassen muß. Seine Aufgabe besteht darin, Zustände herzustellen, in denen der dem Menschen innewohnende Ehrgeiz nicht jene Konsequenzen hat, die Machiavelli im Gedicht ‚Dell'Ambizione' beschrieben hat. Der Ehrgeiz soll derart kanalisiert werden, daß er in den Bahnen der Gerechtigkeit bleibt. Nur so wird man vermeiden können, daß er zu Haß und Furcht, und damit zu Gewalt führen wird.

6. Schlußbemerkung

In diesem ersten Kapitel ging es uns darum, einige der anthropologischen Grundprämissen Machiavellis herauszuarbeiten. Fassen wir sie noch einmal kurz zusammen: Der Mensch hat die Tendenz in sich, ehrgeizig, habsüchtig und undankbar zu sein. Er hat, anders gesagt, die Tendenz und Bereitschaft in sich, andere Menschen zu verletzen. In seinem Gedicht ‚L'asino' läßt Machiavelli ein Schwein gewordener Mensch zu Worte kommen, dem die Frage gestellt wurde, warum er nicht wieder Mensch werden wolle. Ein Teil der Argumentation des Schweines besteht in dem Hinweis auf die natürlichen Schwächen des Menschen, wie daß er zum Beispiel nicht so gut sehen kann wie ein Adler, nicht so gut riechen kann wie ein Hund oder nicht in der Lage ist, giftige von genießbarer Nahrung zu unterscheiden. Ein anderer Teil der Argumentation greift die menschlichen Laster auf. Dabei erwähnt das Schwein jene Laster und ihre Konsequenzen, die Gegenstand dieses Kapitels waren, wobei es noch weitere Laster hinzufügt: „Euer ist der Ehrgeiz, die Wollust und die Trauer, / und die Habsucht, die Unmut (scabbia = wortwörtlich: Galle) hervorruft / in eurem Leben, das ihr so schätzt" (TO: 975). Aus dieser Beschreibung des menschlichen Lebens zieht das Schwein folgende Konsequenz: „Und wenn jemand unter den Menschen Dir groß [oder: göttlich]erscheint, / und glücklich und fröhlich, so schenk' ihm nicht allzuviel Glauben, / denn in diesem Dreck lebe ich glücklicher / wo ich gedankenlos bade und mich wälze" (TO: 976).

Bestünde die Alternative in der Wahl zwischen einem Leben als Schwein und einem Leben als ungebändigter Mensch inmitten ungebändigter Menschen, so wäre die Option des ‚schweinischen' Lebens nicht von vornherein auszuschließen. Doch dies sind nicht die zwei einzigen Optionen: Das Leben als Mensch in einem wohlgeordneten Gemeinwesen ist eine dritte Option. Es ist die Option Machiavellis, die er in den *Istorie* festhält, indem er einem Bürger von Florenz folgende Worte in den Mund legt: „Und auch wenn ihre [scil. der Stadt Florenz NC] Verderbtheit groß ist, so erlöschet sobald jenes Übel, das uns krank macht, jene Wut, die uns auffrißt, jenes Gift, das uns tötet; und schreibt die vergangene Unordnung nicht der menschlichen Natur zu, sondern den Zeiten; und da diese veränderlich sind, könnt ihr hoffen, daß eurer Stadt über den Weg einer besseren Ordnung ein besseres Schicksal erwartet" (IF III, 5: 694-5).

Eine unveränderliche Natur, aber veränderliche Zeiten und veränderbare Bedingungen. Oder anders ausgedrückt: Die menschliche Natur manifestiert sich nicht immer unter denselben Rahmenbedingungen. Ist die menschliche Natur auch unveränderlich, so gilt dies nicht für die Rahmenbedingungen. Damit ist der Weg freigemacht für das politische Handeln, ein Handeln, das danach ausgerichtet sein soll, die das gemeinschaftliche Sein der Menschen zersetzenden Laster zu kanalisieren und somit Bedingungen herzustellen, unter denen niemand sich aus freien Stücken böse zu sein traut und auch niemand von der Notwendigkeit dazu getrieben wird, böse zu sein. In dem gelungenen oder nicht gelungenen Erfüllen dieser Aufgabe besteht im wesentlichen der Unterschied zwischen einem wohl- und einem schlechtgeordneten Gemeinwesen.

II. Wohl- und schlechtgeordnete Gemeinwesen

Einleitung

Wer sich kritisch über ein bestehendes Gemeinwesen äußert, setzt notwendigerweise einen Maßstab voraus. Dieser Maßstab erlaubt es ihm, die das bestehende Gemeinwesen kennzeichnenden Mängel und Schwächen zu benennen und stellt gleichzeitig eine Art Ziel dar, an dem man sich orientieren kann, wenn man das bestehende Gemeinwesen ändern will.

Dieser Maßstab kann entweder der Vergangenheit, der Gegenwart, der Einbildungskraft oder der reinen Vernunft entnommen werden. Wird er der Vergangenheit oder der Gegenwart entnommen, so handelt es sich um das Modell eines Gemeinwesens, das schon existiert hat bzw. noch existiert. Damit ist zumindest faktisch bewiesen, daß die Grundmaterie eines jeden Gemeinwesens, sprich die Menschen, sich auf eine bestimmte, gewünschte Art und Weise ordnen läßt. Insofern man, wie dies für Machiavelli der Fall ist, voraussetzt, daß die Natur des Menschen sich nicht im Laufe der Geschichte ändert, daß also die Leidenschaften und Begierden immer dieselben bleiben, gibt die Tatsache, daß schon einmal ein Gemeinwesen gut geordnet worden ist, Hoffnung, dieses Modell, mag es der entfernten Vergangenheit oder der Gegenwart entnommen sein, nachzuahmen. Entstammt der Maßstab hingegen aus der Einbildungskraft oder aus der bloßen Vernunft, so hat man keine faktische Garantie, daß man es auch in die Wirklichkeit umsetzen kann.

Im *Principe* gibt Machiavelli zu verstehen, daß sein Maßstab nicht aus der bloßen Einbildung stammt, mag es sich auch um eine Einbildung der Vernunft handeln: „Aber da es meine Absicht ist, etwas Nützliches für denjenigen zu schreiben, der es verstehen kann, schien es mir angemessener zu sein, mich gleich der wirkungsträchtigen Wahrheit der Sache (verità effettuale della cosa) zuzuwenden, statt ihrer bloßen Einbildung. Und viele haben sich Republiken und Fürstentümer vorgestellt, die man weder gesehen noch in Wirklichkeit gekannt hat; denn es besteht ein derart großer Abgrund zwischen der Art und Weise, wie man lebt, und der Art und Weise, wie man leben sollte, daß derjenige, der das, was man tut, unberücksichtigt läßt, um sich dem zuzuwenden, was man tun sollte, eher seinen eigenen Untergang als sein Überleben vorbereitet […]" (P XV: 280).

Ist diese Passage auch dem Traktat entnommen, in welchem Machiavelli sich hauptsächlich mit den Fürstentümern befaßt, so gibt uns der Autor doch zu verstehen, daß seine Aussage ebenfalls die Republiken betrifft. Wer über Republiken schreibt – und Machiavelli schreibt auch über Republiken –, muß seinen Maßstab aus der Wirklichkeit entnehmen, nicht aus der Einbildung. Und was für denjenigen gilt, der über Republiken *schreibt*, gilt auch für denjenigen, der Republiken ordnen oder neuordnen will; auch er muß der *verità effettuale* den Vorzug geben vor einer bloß eingebildeten Wahrheit.

Was die Republiken betrifft, so wird Machiavelli seine *verità effettuale* im republikanischen Rom finden oder, genauer noch, im Bild des republikanischen Roms, das uns Titus Livius hinterlassen und das Machiavelli dann auf seine Art und Weise gedeutet hat. Ob und inwiefern das uns von Livius überlieferte Bild mit der tatsächlichen Wirklichkeit übereinstimmte, soll uns hier nicht interessieren. Auch wird es uns nicht interessieren, ob und inwiefern Machiavelli dem uns von Livius überlieferten Bild des republikanischen Roms treu bleibt. Die Darstellung des republikanischen Roms ist für Machiavelli kein Selbstzweck, sondern hat die Funktion einer Kontrastfolie: Rom ist das wohlgeordnete Gemeinwesen, vor dessen Hintergrund man die Wirklichkeit des florentinischen Gemeinwesens zur Zeit Machiavellis kritisieren kann. Und da es das wohlgeordnete Gemeinwesen Rom in der Wirklichkeit gegeben hat, liefert es auch ein nachzuahmendes Modell. Was, von Machiavellis Zeitpunkt aus gesehen, vor zwei Jahrtausenden möglich war, muß auch noch im Florenz des angehenden 16. Jahrhunderts möglich sein bzw. sollte – wenn das politische Handeln überhaupt noch einen Sinn haben soll – noch als im Florenz des 16. Jahrhunderts möglich gedacht werden.

Im folgenden wollen wir zunächst allgemein auf den grundlegenden sozialen Konflikt zwischen Mächtigen und Entmachteten eingehen. Daran anschließend soll gezeigt werden, wie dieser Konflikt in einer idealen (Rom) und in einer nicht-idealen (Florenz) Republik gehandhabt wurde bzw. noch wird. Im dritten Teil werden wir uns dann genauer mit einigen der wichtigsten Institutionen des republikanischen Roms befassen. Es waren nämlich diese Institutionen, die es Rom erlaubt haben, trotz der Konflikte zwischen Patriziern und Plebejern als eine freie Republik weiterzubestehen. Behandelt der dritte Teil die Innenpolitik Roms, so geht der vierte Teil auf die Außenpolitik der Republik ein. Dieser vierte Teil soll gleichzeitig zeigen, daß die Konfliktualität zwischen Individuen und Klassen auch die Verhältnisse zwischen Gemeinwesen kennzeichnet. Der fünfte Teil untersucht die von Machiavelli angeführten Gründe für den Untergang der römischen Republik. Der sechste Teil bringt uns schließlich nach Florenz zurück, indem er das Urteil Machiavellis über den Dominikanermönch Savonarola zum Thema macht. Hier soll die Gegenüberstellung des unbewaffneten mit dem bewaffneten Propheten erläutert werden, eine Erläuterung, die den Übergang zum dritten Kapitel machen wird, in dem die Figur des das Gemeinwesen neu gestaltenden Fürsten thematisiert wird.

1. Die natürliche Feindschaft zwischen den Mächtigen und den Entmachteten

Am Anfang des III. Buches der *Istorie fiorentine*, faßt Machiavelli die Hauptunterschiede zwischen dem republikanischen Rom und dem Florenz seiner Zeit zusammen. Wir wollen uns im folgenden an dieser Gegenüberstellung orientieren und beginnen mit dem Hauptgrund aller Übel in einer Republik: „Die schlimmen und natürlichen Feindschaften, die es zwischen den Menschen aus dem Volk und den Adligen gibt, und die darauf zurückzuführen sind, daß diese befehlen und jene nicht gehorchen wollen, sind der Grund aller Übel, die in den Gemeinwesen (città) entstehen; denn aus dieser Verschiedenheit der Gemüter (umori) nähren sich alle anderen Phänomene, welche die Republiken stören. Dies war es, was Rom entzweite; dies hat Florenz, wenn es erlaubt ist, die kleinen mit den großen Dingen zu vergleichen, entzweit gehalten [...]" (IF III, 1: 690).

Wir hatten im ersten Kapitel gesehen, daß die Menschen von Natur aus dazu neigen, ehrgeizig, habsüchtig und undankbar zu sein. Wir hatten dort aber auch gesehen, daß Machiavelli einen Unterschied zwischen den Guten und den Bösen machte. Die Guten sind diejenigen, die bereit sind, sich an die gesetzliche Ordnung zu halten, solange keine Notwendigkeit sie dazu zwingt, sich von dieser Ordnung zu entfernen. Die Bösen sind hingegen diejenigen, die bereit sind, sich auch dann von der gesetzlichen Ordnung zu entfernen, wenn keine Notwendigkeit besteht. Sie handeln böse aus freier Wahl, und d.h. aus reinem Ehrgeiz. Was die eben angesprochene gesetzliche Ordnung betrifft, so ist daran zu erinnern, daß ihr Zweck darin besteht, die Begierden und Leidenschaften zu hemmen. Die Bösen kann man auch als diejenigen bezeichnen, die den menschlichen Begierden und Leidenschaften freien Lauf lassen wollen, wohingegen die Guten diejenigen wären, die den menschlichen Begierden und Leidenschaften Grenzen setzen wollen, damit sie das geordnete Zusammenleben und die durch dieses Zusammenleben ermöglichte Sicherheit nicht gefährden.

In der eben zitierten Stelle aus den *Istorie* spricht Machiavelli nicht von den Guten und den Bösen, sondern von den Menschen aus dem Volk und den Adligen. Jede dieser Klassen, so der Autor, verkörpert ein bestimmtes Gemüt oder eine bestimmte Gemütsverfassung, und es ist diese Verschiedenheit der Gemüter, welche die Wurzel aller Übel einer Republik bildet. Aus ihr erwachsen „schlimme und natürliche Feindschaften", Feindschaften, die dementsprechend nicht nur einzelne Individuen einander entgegenstellen, sondern ganze Klassen oder Gruppen. Auch wenn es voreilig wäre, aus Machiavelli einen Vorläufer der Marxschen Lehre des Klassenkampfes zu machen – und sei es nur, weil die ökonomische Dimension beim Italiener keine nennenswerte Rolle spielt –, so muß man Machiavelli aber doch das Verdienst zugestehen, den rein anthropologischen Standpunkt – individueller Mensch *contra* individueller Mensch, wie im Hobbesschen Naturzustand –

durch einen soziologischen Standpunkt ergänzt oder konkretisiert zu haben. Von diesem soziologischen Standpunkt aus gesehen, stehen sich die Individuen als Mitglieder bestimmter sozialer Gruppen gegenüber. Dabei ist zu betonen, daß diese Mitgliedschaft keineswegs die grundlegende Natur des Menschen verändert. Der Mensch aus dem Volk und der Adlige haben genau dieselben fundamentalen Begierden und Leidenschaften. Was sich aber ändert, ist der Ausdruck dieser Begierden und Leidenschaften. Und dieser ändert sich, weil die Situation der Adligen und der Menschen aus dem Volk eine andere ist.

Die Adligen, so Machiavelli, wollen befehlen; die Menschen aus dem Volk hingegen, wollen nicht gehorchen. Oder wie Machiavelli es in den *Discorsi* ausdrückt: „Und sonder Zweifel, wenn man sich das Ziel der Adligen und dasjenige der Nicht-Adligen ansieht, so wird man in jenen eine große Begierde zu herrschen finden und in diesen nur eine Begierde, nicht beherrscht zu werden [...]" (D I, 5: 83). Die Adligen streben demnach nach einer positiven Macht, nach einer Macht, andere zu positiven Handlungen zu verpflichten. Frei sein heißt für sie, über andere Menschen bestimmen zu können. Die Nicht-Adligen ihrerseits, streben nach einer negativen Macht, nach einer Macht, andere zu Unterlassungshandlungen zu verpflichten. Frei sein heißt für sie, daß andere Menschen nicht über sie bestimmen. Der Adlige will den Nicht-Adligen dazu zwingen können, das zu tun, was er, der Adlige, will, wohingegen der Nicht-Adlige den Adligen dazu zwingen können will, das nicht zu tun, was er, der Adlige, tun will.

Da diese beiden Begierden nicht gleichzeitig erfüllt werden können, entsteht notwendigerweise ein Konflikt zwischen den Adligen und den Nicht-Adligen. Allerdings wäre es falsch zu glauben, daß diese jeweiligen Begierden dermaßen genau verteilt sind, daß tatsächlich *nur* die Adligen herrschen wollen, nicht aber auch Mitglieder der Gruppe oder Klasse der Nicht-Adligen. In den *Discorsi* stellt Machiavelli fest, daß die Mitglieder des Volkes zwei Begierden haben, „die eine besteht darin, sich an denjenigen zu rächen, die die Schuld an ihrer Unterwerfung tragen, die andere besteht darin, frei zu sein" (D I, 16: 100). Will ein Fürst die Unterstützung des Volkes gewinnen, so muß er der Erfüllung dieser beiden Begierden entgegenkommen. Was die erste betrifft, so glaubt Machiavelli, daß der Fürst sie ohne weiteres erfüllen kann. Bei der zweiten wird es aber etwas problematischer, und der Fürst kann sie nur zum Teil erfüllen. Das hängt damit zusammen, daß die Begierde nach Freiheit sich auf unterschiedliche Gründe stützen kann. Untersucht der Fürst die Gründe, auf welche die Mitglieder des Volkes ihre Begierde nach Freiheit stützen, „so wird er feststellen, daß ein geringerer Teil von ihnen frei sein will, um zu befehlen; aber alle anderen, deren Zahl unendlich ist, wollen die Freiheit, um in Sicherheit zu leben" (ebd.). Das, was man die „aristokratische" Freiheitsbegierde nennen kann, scheint hier auf einen Teil des Volkes übergegangen zu sein. So läßt Machiavelli einen Florentiner sagen: „[D]enn der Hochmut und der Ehrgeiz der Großen sind nicht erloschen, sondern wurden ihnen durch unsere Leute aus dem Volk (popolani) weggenommen, die jetzt, wie dies für ehrgeizige Menschen typisch ist, versuchen, den höchsten Rang in der Republik zu erlangen, und da sie keine anderen Mittel haben, dies zu erreichen, als die Zwietracht, haben sie die Stadt erneut geteilt [...]" (IF III, 5: 694). Sobald es sich gegen die Adligen durchgesetzt hat und Zugang zu den institutionellen Machtzentren hat, wird das Volk genauso ehrgeizig wie vorher die Adligen. Es ist dies ein Beispiel für eine allgemeinere Regel, die Machiavelli wie folgt formuliert: „[D]enn die Menschen handeln fast immer so, daß sie, umso mehr Autorität sie haben, um so schlechter gebrauchen sie diese und um so frecher werden sie [...]" (IF II, 32: 680). Man beachte hier das kleine Wörtchen „fast" (quasi), das zumindest die Möglichkeit offen läßt, daß ein Mensch eine große Autorität erlangt und sie nicht schlecht gebraucht und nicht frech wird. Dieses kleine Wörtchen läßt die Möglichkeit des das Gemeinwesen neuordnenden Gesetzgeber, oder Fürsten offen.

Statt von Adligen (nobili) spricht Machiavelli auch oft von den Großen (grandi) oder den Ersten (primi). Diese beiden Begriffe haben den Vorteil, auch diejenigen zu umfassen, die innerhalb des Volkes nach Macht über ihresgleichen streben – und daß es deren auch dort gibt, wurde soeben gezeigt. Daß das Volk keine einheitliche Kategorie ist, geht etwa aus einem kurzen Text hervor, in dem Machiavelli die Situation von Florenz nach dem Tod des jüngeren Lorenzo dei Medici beschreibt, und in dem er seine Reformvorschläge für die Stadt darlegt (der Text trägt die lateinische Überschrift: ‚Discursus florentinarum rerum post mortem iunioris Laurentii Medices). In diesem Text unterscheidet der Autor drei Arten von Menschen, die man, wie er meint, in jeder Republik wiederfindet: die Ersten (primi), die Mittleren (mezzani) und die Letzten (ultimi) (TO: 27). In den *Istorie* haben wir noch eine andere Terminologie, wobei man feststellen kann, daß Machiavelli dort die Großen im Gegensatz zum Volk denkt, sie also mit den Adligen gleichsetzt. Gemäß der in den *Istorie* verwendeten Terminologie, läßt das Volk sich in drei Kategorien unterteilen: der mächtige Teil des Volkes (potente), der mittlere Teil des Volkes (mediocre) und der niedere Teil des Volkes (basso).

Die Unterscheidung zwischen Adligen und Nicht-Adligen findet demnach ihren entsprechenden Ausdruck auch innerhalb des Volkes, was darauf hindeutet, daß es Machiavelli vor allem darauf ankommt, zwei Typen von Menschen zu unterscheiden: Einerseits diejenigen, und ihre Zahl ist wahrscheinlich gering, denen es in erster Linie darum geht, zu befehlen und zu herrschen; andererseits diejenigen, und ihre Zahl ist – in den eigenen Worten Machiavellis – unendlich, denen es in erster Linie darum geht, nicht herumkommandiert und nicht beherrscht zu werden, so daß sie ihr eigenes Leben selbst im Rahmen der gesetzlichen Ordnung gestalten können, ohne dem Willen eines anderen unterworfen zu sein. Den Mitgliedern der ersten Gruppe geht es darum, persönliche Macht über andere ausüben zu können, den Mitgliedern der zweiten Gruppe geht es darum zu verhindern, daß persönliche Macht über sie ausgeübt wird; sie sind zwar bereit, sich dem Gesetz zu unterwerfen, nicht aber einer persönlichen Macht.

Diese letzte Behauptung ist allerdings zu relativieren, denn Machiavelli weist darauf hin, daß das Volk, wenn es denn keine andere Möglichkeit sieht, sich vor der Herrschaftsbegierde der Großen zu schützen, bereit ist, sich einem Fürsten zu unterwerfen, vorausgesetzt, dieser zähmt die Großen. Der Konflikt zwischen dem Volk und den Großen verwandelt sich somit in einen Konflikt zwischen dem Fürsten und den Großen, wobei vom Fürsten erwartet wird, daß er in diesem Kampf die Interessen des Volkes durchsetzt. Aber auch die Großen können ihre Zuflucht im Absolutismus eines Fürsten suchen, der sie gegen die – in ihren Augen – übertriebenen Forderungen des Volkes schützt.

Wie schon oben angedeutet, verweisen die eben besprochenen Unterschiede nicht auf zwei verschiedene menschliche Naturen: Einerseits Menschen, die von Natur aus über andere herrschen wollen, andererseits Menschen, die von Natur aus nicht über andere herrschen wollen und die lediglich der Unterwerfung unter einen persönlichen Willen entgehen wollen. Von Natur aus wollen alle Menschen Macht über andere erlangen, da sie von Natur aus alle ehrgeizig, habsüchtig, undankbar usw. sind, da sie also von Natur aus alle die gleichen Begierden und Leidenschaften haben. Wenn Machiavelli sagt, daß ein weiser Gesetzgeber, der eine Republik ordnen will, davon ausgehen soll, daß alle Menschen böse sind, so rät er dem Gesetzgeber, davon auszugehen, daß potentiell jeder Mensch nach Macht über seinesgleichen streben kann. Daß in der Wirklichkeit nicht jeder es tatsächlich tut, ist kein Beweis dafür, daß die Begierde nach Macht über andere sich nicht in jedem befindet. Es könnte nämlich auch ganz gut sein, daß bestimmte Menschen sich noch nicht in einer Situation befunden haben, in denen sie ihrer Begierde freien Lauf lassen konnten.

In einem Brief an Francesco Vettori vom 10. August 1513, schreibt Machiavelli, Vettori solle sich doch die menschliche Wirklichkeit etwas genauer ansehen, „und Ihr werdet sehen, wie es den Menschen am Anfang genügt, sich selbst verteidigen zu können und keinem anderen unterworfen zu sein; von hier aus geht man dann dazu über, andere zu verletzen und andere beherrschen zu wollen" (TO: 1149). Hat man nicht genügend Macht, um sich selbst zu verteidigen, so strebt man zunächst nach genügend Macht, um sich verteidigen zu können. Es ist dies ein durch und durch vernünftiges Ziel. Ist dieses vernünftige Ziel erreicht, so gibt man sich nicht damit zufrieden, die Macht zu behalten und sie zur bloßen Verteidigung einzusetzen, sondern man wendet sie auch an, um andere zu beherrschen. Außerdem wird man nach einer noch größeren Macht streben. Hier verwandelt sich das vernünftige in ein unvernünftiges Streben nach Macht. Diese Verwandlung ist natürlich und kann nur durch künstliche Einrichtungen gebremst werden. Wenn bestimmte Menschen noch nicht den Wunsch hegen, andere zu beherrschen, so könnte das damit zusammenhängen, daß sie noch nicht genügend Macht haben, um sich zu verteidigen. Bei ihnen hat sich der Wunsch nach ‚Freiheit von' noch nicht in die Begierde nach ‚Freiheit über andere zu bestimmen' verwandelt, aber die menschliche Natur, die diese Verwandlung ermöglicht und begünstigt, ist schon präsent. Ein weiser Gesetzgeber sollte schon im voraus alles tun, um zu verhindern, daß nach dem Erlangen der ‚Freiheit von', die Begierde nach der ‚Freiheit über' durch angemessene Institutionen gezähmt wird und nicht ihr sozialdesintegratives Potential entfalten kann.

Die gesellschaftliche Welt erscheint somit als einem ständigen Konflikt zwischen Mächtigen und Entmachteten ausgesetzt. Wenn man auch bereit ist, Machiavelli zuzugestehen, daß das Machtstreben der Entmachteten eher mit der allgemeinen Freiheit zu vereinbaren ist als dasjenige der Mächtigen, so muß man doch vor dem Erfolg des Machtstrebens der Entmachteten warnen – ein Erfolg, der darin besteht, daß die Entmachteten sich nunmehr vor den Übergriffen der Mächtigen verteidigen und sich vor deren Herrschaftsstreben schützen können. Erlaubt man nämlich diesem Machtstreben, über sein ursprüngliches Ziel hinauszuschießen, so besteht das Risiko, daß das durch das erfolgreiche Machtstreben erlangte Gleichgewicht umkippt und daß aus den Entmachteten von gestern neue Mächtige und aus den Mächtigen von gestern oder aus einem Teil der Mächtigen von gestern neue Entmachtete werden.

Wären die Menschen gut, so würden sie ihrem Machtstreben von sich aus eine Grenze ziehen, und diese Grenze würden sie dann ziehen, wenn sie genügend Macht hätten, um sich verteidigen zu können. Auch wenn eine gesetzliche Ordnung nichts an der reinen Existenz der unterschiedlichen Gemütsarten ändern kann, wenn sie also nicht verhindern kann, daß immer und überall Menschen nach Macht streben wollen, um sich zu verteidigen, und andere nach Macht streben wollen, um über andere zu herrschen – und wie wir eben gesehen haben, kann es sich dabei genau um dieselben Menschen handeln, aber zu bestimmten Zeitpunkten –, so kann sie doch bewirken, daß dieses Streben nicht zu einer für das Gemeinwesen tödlichen Entzweiung führt. Und genau dies hat die gesetzliche Ordnung Roms während Jahrhunderten bewirkt, wohingegen es Florenz noch nicht gelungen ist, diese Konflikte zwischen den Mächtigen und den Entmachteten zu zähmen.

2. Die natürlichen Feindschaften in Rom und Florenz

An der eingangs des vorigen Teils erwähnten Stelle aus den *Istorie*, weist Machiavelli darauf hin, daß es die natürliche Feindschaft zwischen dem Volk und dem Adel gewesen ist, welche für die Entzweiung Roms verantwortlich war, und daß dasselbe für Florenz gilt. Aber im Gegensatz zu Rom, das trotz der Entzweiung ein mächtiges Gemeinwesen werden konnte, hat die Entzweiung der Größe von Florenz im Wege gestanden. Während er im ersten Buch der *Istorie* die Geschichte Italiens nachzeichnet, verfolgt Machiavelli im zweiten Buch die Geschichte seiner Heimatstadt Florenz. Nachdem er gezeigt hat, wie die Florentiner ein freies Gemeinwesen schufen, schreibt er: „Und es ist kaum zu denken, wieviel Autorität und Macht Florenz sich in kurzer Zeit aneignete; und nicht nur zur führenden Stadt der Toskana wurde, sondern man zählte die Stadt unter die ersten Italiens; und die Stadt wäre zur höchsten Größe emporgestiegen, wenn sie nicht häufigen und neuen Spaltungen (divisioni) ausgesetzt gewesen wäre" (IF II, 6: 662).

Da Rom denselben Spaltungen und Konflikten ausgesetzt war wie Florenz, aber trotzdem zur höchsten Größe emporstieg, können nicht die Spaltungen und Konflikte an sich der Grund sein, wieso Florenz nicht den Hoffnungen gerecht wurde, die man in die Stadt hätte setzen können. Rom zeigt, daß eine Republik nicht unbedingt geeint und homogen zu sein braucht, um eine welthistorische Größe zu erreichen. Der Grund für das unterschiedliche Schicksal der beiden Republiken liegt vielmehr in der Art und Weise, wie der Konflikt zwischen den Mächtigen und Entmachteten jeweils gehandhabt wurde. Setzt man einen anderen institutionellen Rahmen voraus, so wird sich auch die Form des Konfliktes ändern. Und Rom hatte eben einen anderen institutionellen Rahmen als Florenz zur Zeit Machiavellis.

Hier können wir das eingangs des vorigen Teils begonnene Zitat aus dem dritten Buch der *Istorie* fortsetzen: „[Denn] die Feindschaften, die es ursprünglich in Rom zwischen dem Volk und den Adligen gab, waren durch das Diskutieren bestimmt, in Florenz sind sie es durch das Kämpfen; diejenigen Roms wurden durch ein Gesetz beigelegt, diejenigen in Florenz werden durch die Verbannung und durch den Tod vieler Bürger beendet; diejenigen Roms steigerten unablässig die militärische Kraft (virtù), diejenigen in Florenz brachten sie ganz zum Erlöschen; diejenigen Roms führten jene Stadt aus einer Gleichheit aller Bürger in eine äußerst große Ungleichheit; diejenigen in Florenz haben von einer Ungleichheit zu einer erstaunlichen Gleichheit geführt. Was diesen Unterschied in den Wirkungen zu erklären vermag, sind die unterschiedlichen Ziele, welche diese zwei Völker (popoli) hatten: Denn das Volk Roms wollte die höchsten Ehren zusammen mit den Adligen genießen; dasjenige Florenz' kämpfte, um allein die Regierungsmacht zu besitzen, ohne daß der Adel daran teilhat. Und da die Begierde des römischen Volkes vernünftiger (ragionevole) war, waren die Verletzungen für den Adel erträglicher; so daß dieser Adel leicht, und ohne daß man zu den Waffen hätte greifen müssen, nachgab; so daß sie, nach einigen Meinungsverschiedenheiten, darin übereinkamen, ein Gesetz zu machen, das dem Volk Genugtuung gab und das den Adligen ihre Würde ließ. Auf der anderen Seite war die Begierde des florentinischen Volkes verletzend und ungerecht; so daß der Adel sich mit größeren Kräften auf seine Verteidigung vorbereitete, und so kam es zum Blutvergießen und zum Exil der Bürger; und jene Gesetze, die man dann schuf, zielten nicht auf den allgemeinen Nutzen hin, sondern waren ganz zugunsten des Siegers" (IF III, 1: 690).

Die Grundtatsache der Feindschaft ist also sowohl in Rom wie auch in Florenz gegeben, und dies weil wir in Rom und in Florenz dieselben Menschentypen mit denselben Begierden und Leidenschaften wiederfinden. Aber während in Rom diese

Feindschaften durch die Diskussion (disputando) ausgetragen wurden, werden sie in Florenz auf dem Wege des gewaltsamen Kampfes (combattendo) ausgetragen. Legt man die von Machiavelli im *Principe* (P XVIII: 283) gemachte Unterscheidung zugrunde, so wird man sagen können, daß die Römer unter sich wie Menschen kämpften, wohingegen die Florentiner wie Tiere handeln; die ersten kämpften mittels der Gesetze, die zweiten greifen auf Gewalt und List zurück. Oder um es in den Begriffen der *Istorie* (IF V, 6: 742) auszudrücken: Die Römer kämpften unter sich auf zivile Weise (civilmente), die Florentiner mit den Waffen.

Auch wenn also in allen Gemeinwesen Feindschaften entstehen, so können diese Feindschaften doch auf unterschiedliche Weise ausgetragen werden. Wo sie ohne Gewalt ausgetragen werden, wie dies in Rom – oder genauer: im idealisierten Rom Machiavellis – der Fall war, setzen sie die fundamentale Einheit des Gemeinwesens nicht aufs Spiel – eine Einheit, die durchaus aus dem Konflikt ständig von Neuem entstehen kann. Wo sie aber mit Gewalt ausgetragen werden, wie dies in Florenz der Fall war – und zur Zeit Machiavellis übrigens noch ist –, sprengen sie die fundamentale Einheit des Gemeinwesens, und damit auch die Bedingung der Möglichkeit seiner Größe.

Wenn hier von einer fundamentalen Einheit gesprochen wird, so ist eine Einheit gemeint, welche den Rahmen der natürlichen Feindschaft bildet. Diesen Rahmen bildet eine von den Adligen und dem Volk geteilte Auffassung des Allgemeinwohls: In Rom ist man zwar Adliger oder Mitglied des Volkes, aber zuvor ist man Römer. Und als Römer will man in erster Linie die Größe seiner Stadt, und die Partikularinteressen haben vor diesem übergeordneten Interesse zurückzutreten. Die Adligen wollen soviel Macht wie möglich behalten, das Volk will soviel Macht wie möglich erlangen, aber Adel und Volk wissen, wo und wann sie ihrem jeweiligen Streben nach Macht Einhalt gebieten müssen, um das geordnete Zusammenleben nicht grundsätzlich zu gefährden.

Im republikanischen Rom, wie Machiavelli es uns beschreibt, gelingt es den natürlichen Feinden, ihre Partikularinteressen zu bremsen, damit diese nicht das Allgemeininteresse gefährden. In Rom, so Machiavelli, mußte das Volk Macht erringen, um sich angemessen gegen den Adel verteidigen zu können, der es beherrschen wollte. Es kämpfte also aus Notwendigkeit. In den *Discorsi* zeichnet Machiavelli die wichtigsten Etappen dieses Kampfes nach, wie etwa die Einrichtung der Volkstribunen. Wichtig ist, daß bei jeder dieser Etappen versucht wurde, ein Gleichgewicht herzustellen, nicht aber, das Ungleichgewicht von der Seite des Adels auf die Seite des Volkes zu verschieben. Was Rom auf diese Weise fertig brachte, war die Schaffung einer gemischten Regierungsform, welche die Vorteile der drei einfachen Regierungsformen (Monarchie, Aristokratie, Herrschaft des Volkes) in sich vereinigte: Die Konsuln bildeten das monarchische Element, der Senat verkörperte das aristokratische Element, und die Volkstribunen waren die Speerspitzen des demokratischen Elementes. Diese gemischte Regierungsform, so Machiavelli in den *Discorsi* (D I, 2: 80), ist die dauerhafteste Regierungsform, da die einander feindlich gesinnten Elemente alle ein Stück der institutionellen Macht besitzen, und sich so gegenseitig kontrollieren und bremsen können. In den *Discorsi* lesen wir, daß „die Römer, obwohl sie den Ruhm hoch schätzten, es dennoch nicht als unehrenhaft empfanden, jenem zu gehorchen, dem sie ein anderes Mal befohlen hatten, und in jenem Heeresteil zu dienen, dessen Führer sie einst gewesen waren" (D I, 36: 118). In einem wohlgeordneten Gemeinwesen – und hier dürfte sich Machiavelli wohl bei Aristoteles inspiriert haben – muß jeder Bürger bereit sein, Adressant und Adressat der Befehle zu sein, anders gesagt, gut gehorchen und gut befehlen zu können.

In Florenz wurde nicht versucht, ein Gleichgewicht zwischen den verschiedenen Gemütern herzustellen. Das Volk wollte nicht die Macht mit den Großen teilen, sondern es wollte die Großen von der Teilhabe an der institutionalisierten Macht ausschließen, und das heißt, es wollte sich selbst in eine Situation versetzen, in welcher es die Großen dominieren konnte. Da nun aber die Mächtigen nicht entmächtigt werden wollten, sie sich also nicht in eine Situation versetzen lassen wollten, in welcher sie dem partikularen Willen des Volkes ausgesetzt waren, griffen sie zu den Waffen. Die Teilhabe an der institutionellen Macht war für sie ein Mittel, den Bestrebungen des

Volkes entgegenwirken zu können. Gaben sie die Möglichkeit einer solchen Teilhabe auf, lieferten sie sich sozusagen dem Volke und dessen Rachgelüsten aus. Trieb zunächst die frei gewählte Bosheit der Adligen das Volk dazu, aus Notwendigkeit böse zu sein, so treibt jetzt die frei gewählte Bosheit des übermächtig sein wollenden Volkes die Adligen dazu, aus Notwendigkeit böse zu sein.

Im zweiten Buch der *Istorie* geht Machiavelli auf die Neuordnung von Florenz in der Mitte des 14. Jahrhunderts ein, nachdem die Stadt sich vom tyrannischen Herzog von Athen befreit hatte. Gemäß der neuen Ordnung sollten den Großen ein Drittel der Funktionen der Signoria und die Hälfte der übrigen Funktionen zugute kommen. Um die Wichtigkeit dieser Neuordnung der Stadt angemessen zu verstehen, muß darauf hingewiesen werden, daß Gesetze aus den Jahren 1293–95 den Großen den Zugang zu öffentlichen Ämtern versperrten. Die Neuordnung von der hier die Rede ist, bedeutet also einen Machtzuwachs für die Großen – hier im Sinne der Adligen, da die Großen des Volkes an der Macht teilhaben konnten, insofern sie Mitglied einer Zunft (arte) waren. Wir haben es demnach hier mit einer oligarchischen Reform zu tun, welche das Gleichgewicht zugunsten der Großen wiederherstellt.[1]

Die Adligen mißbrauchten aber diesen Machtzuwachs: „Nachdem mit dieser Neuordnung die Regierung eingerichtet war, hätte die Stadt die Ruhe wiedergefunden, wenn die Großen sich mit jener Bescheidenheit zufriedengegeben hätten, welche das geordnete Leben in einer Gemeinschaft (vita civile) verlangt; aber sie taten genau das Gegenteil; denn als Privatpersonen wollten sie keine Ebenbürtigen neben sich dulden, und als Inhaber öffentlicher Ämter wollten sie die Herrschaft für sich allein; und jeder Tag offenbarte ein Beispiel ihrer Arroganz und ihres Stolzes: was dem Volk mißfiel; und es bedauerte, daß aus einem Tyrannen, der verschwunden war, deren tausend wurden, die erschienen" (IF II, 39: 687).

Im Rahmen dieser oligarchischen Reform sind es also die Adligen, welche sich nicht damit zufriedengeben, nicht mehr vom Volk beherrscht zu werden, sondern von der ihnen neu zugewachsenen institutionellen Macht profitieren wollen, um neue Macht zu erringen und das Volk ganz von der Teilhabe an der institutionellen Macht auszuschließen. Damit kann das Volk aber nicht einverstanden sein, da es nicht von den Adligen beherrscht werden will. Da die Adligen nicht bereit sind, die Macht mit dem Volk zu teilen und eine gesetzliche Ordnung – eine Verfassung, wie wir heute sagen würden – zu respektieren, in welcher diese Teilung der institutionellen Macht festgeschrieben ist, bleibt dem Volk keine andere Wahl, als den Weg der Gewalt zu beschreiten. Der Adel setzt also hier gewissermaßen das florentinische Volk vor die Notwendigkeit, auf den unmenschlichen Weg der Gewalt zurückzugreifen, wenn es sich nicht beherrschen lassen will. Oder anders ausgedrückt: Das florentinische Volk muß böse werden, wenn es seine Freiheit behalten will.

Was soeben für eine oligarchisch ausgerichtete Reform gesagt wurde, gilt auch für eine demokratisch ausgerichtete Reform. Genauso wie der florentinische Adel ist auch das florentinische Volk nicht in der Lage, sein Machtstreben zu bremsen, sobald der Punkt erreicht ist, an dem ein Gleichgewicht der Macht gegeben ist. An der oben zitierten Stelle des ersten Absatzes des dritten Buches der *Istorie*, sagt uns Machiavelli, daß das florentinische Volk allein die Herrschaft ausüben wollte, unter Ausschluß des Adels. Damit kann aber der Adel nicht einverstanden sein, da auch er nicht beherrscht werden will. Wie vorher das Volk wird also hier der Adel vor die Notwendigkeit gestellt, zu den Waffen zu greifen, wenn er nicht dem Volk zum Opfer fallen will. Und daß der Adel gute Gründe hat, sich vor dem Volk zu fürchten, leuchtet ein, wenn man bedenkt, wie vorher gesagt wurde, daß der Adel dem Volk gegenüber arrogant war. An mehreren Stellen seiner Schriften weist Machiavelli übrigens auf die Rachsucht des Volkes hin.

Wir befinden uns hier in einer Logik der Furcht und des Hasses: Wächst die Macht der Partei A, so wird sie immer mehr dazu neigen, die Partei B respektlos zu behandeln. Dies nährt nun aber den Haß der Mitglieder der Partei B gegenüber den Mitgliedern der Partei A. Da aber die Mitglieder der Partei B nicht genügend Macht haben, um diesen Haß in Handlungen umzusetzen, können die Mitglieder der Partei A mit ihrer Arroganz weitermachen. Wächst nun aber – aus welchen Gründen auch immer – die Macht der Partei B, so ändert sich die

Situation, da die Mitglieder der Partei B fortan die Möglichkeit haben, sich an den Mitgliedern der Partei A zu rächen. Diese werden sich somit vor einem Machtzuwachs der Partei B fürchten und demnach alles unternehmen, um diesem Machtzuwachs entgegenzuwirken. Das wiederum zwingt die Mitglieder der Partei B dazu, auch auf extreme Mittel zurückzugreifen, um sich Macht zu verschaffen.

Dieser Logik könnte man nur dann entkommen, wenn die Mitglieder der beiden Parteien sich nicht arrogant verhalten und somit keine Gründe für Haß und Furcht aufkommen lassen würden. Im republikanischen Rom hat man dieses Kunststück fertiggebracht; in Florenz ist es aber nicht gelungen. Die Konsequenzen sind bekannt: Rom ist *trotz* der natürlichen Feindschaft zwischen dem Volk und den Adligen zu einer Großmacht geworden, Florenz ist *wegen* der natürlichen Feindschaft zwischen dem Volk und den Adligen nicht zu der Großmacht geworden, die es hätte werden können. Wenn es den Römern gelang, die Freiheit zu bewahren, so sagt Machiavelli von den Florentinern, sie könnten die Freiheit nicht bewahren und die Unterwerfung nicht ertragen (IF II, 36: 684). So kannten die Florentiner weder die Republik noch das Fürstentum, sondern sie lebten in einem Zustand der Willkür. Denn wie es im *Principe* heißt: „[A]us diesen zwei Begierden ergibt sich für die Städte eine der drei folgenden Wirkungen, entweder ein Fürstentum oder die Freiheit oder die Willkür" (P IX: 271). Die Willkür widerspricht aber jedem geordneten Zusammenleben. Das Fürstentum oder die Republik stellen die Institutionen bereit, innerhalb derer die Willkür gezähmt werden kann.

3. Die guten Institutionen

In Rom entsprang die gemischte Regierungsform nicht dem Willen eines ursprünglichen Gesetzgebers, sondern sie etablierte sich mit der Zeit, bedingt durch die Auseinandersetzungen zwischen den Patriziern und den Plebejern. Diese gemischte Regierungsform schuf ein Gleichgewicht zwischen der Begierde der Großen zu herrschen und der Begierde des Volkes, nicht beherrscht zu werden. Insofern die Großen an der institutionalisierten Macht teilnehmen durften, konnten sie ihre Begierde zu herrschen teilweise befriedigen. Und insofern das Volk auch an der institutionalisierten Macht teilhatte, konnte es die Herrschsucht der Großen bremsen und somit seine eigene Begierde, nicht beherrscht zu werden, teilweise befriedigen.

Wenn es in Rom – und wir sprechen hier immer noch vom idealisierten Rom Machiavellis, ohne dieses Idealbild mit dem wirklichen Rom zu konfrontieren – nicht zu gewaltsamen Auseinandersetzungen kam, so deshalb, weil keine der befeindeten Parteien die andere vor die Notwendigkeit stellte, zu den Waffen zu greifen. Bei jeder Reform der gesetzlichen Ordnung schenkte die Partei, zu deren relativer Ungunst die Reform unternommen wurde, der anderen Partei das Vertrauen, d.h. sie erwartete nicht, daß die andere Partei von der Reform profitieren würde, um die Macht ganz an sich zu reißen. Jedes neue Gesetz konnte somit als eine weitere Etappe auf dem Weg zum perfekten Gleichgewicht erscheinen und nicht als ein Versuch, das Ungleichgewicht zuungunsten der Partei A in ein Ungleichgewicht zuungunsten der Partei B zu verwandeln.

Was in einer wohlgeordneten Republik wesentlich dazu beiträgt, daß die Feindschaften zwischen den Adligen und dem Volk nicht in gewaltsame Konflikte ausarten, sind die guten Institutionen (ordini). Wesentlich für die Güte solcher Institutionen ist, daß sie das Gemeinwesen vor rein privaten, d.h. gesetzlich nicht geregelten Konflikten bewahren.

Im siebten Kapitel des ersten Buches der *Discorsi* weist Machiavelli nach, „wie notwendig die öffentlichen Anklagen in einer Republik sind, um sie in ihrer Freiheit zu bewahren" (D I, 7: 87) – so die Überschrift des Kapitels. Rom hat diesen Weg beschritten, wie Machiavelli am Beispiel Coriolans aufzeigt. Die Vorteile einer Institution, die die Möglichkeit einer öffentlichen Anklage erlaubt, sind folgende: „Der erste besteht darin, daß die Bürger aus Angst, angeklagt zu werden, nichts gegen das Gemeinwesen (stato) unternehmen; und wenn sie es doch tun sollten, so werden sie auf der Stelle und ohne Rücksicht niedergeschlagen. Der andere besteht darin, daß man somit einen Weg schafft, damit sich jene Gemütsverfassungen (omori) Ausdruck verschaffen können, die sich auf jeden Fall in den Städten entwickeln und sich gegen einen Bürger richten: und wenn diese Gemütsverfassungen keine Möglichkeit haben, sich im Rahmen der gegebenen Ordnung auszudrükken, so greifen sie auf Mittel zurück, die außerhalb dieser Ordnung liegen, und diese führen zum Untergang der Republik. Und deshalb gibt es nichts, was eine Republik derart stabilisiert und festigt, als sie derart zu ordnen, daß die Veränderung jener Gemütsverfassungen, die sie rütteln, einen gesetzlich vorgesehenen Weg hat, um sich auszudrücken" (ebd.).

Im Hintergrund ist also wieder der grundlegende Konflikt zwischen dem Adel und dem Volk. Je nachdem wie die Machtverhältnisse sind, verdächtigt entweder das Volk oder die Adligen Mitglieder der anderen Gruppe, die Machtverhältnisse so gestalten zu wollen, daß es eine Klasse von Beherrschern und eine Klasse von Beherrschten gibt. Dieser Verdacht wird fast notwendigerweise zu Akten privater Gewalt führen, wenn er sich nicht in einer öffentlichen Anklage ausdrücken kann, deren Berechtigung dann im Rahmen eines öffentlichen Prozesses festzustellen ist. Es muß unbedingt vermieden werden, daß Privatleute sich zu Richtern über andere Privatleute erheben und dann auch noch die Rolle der Vollstrecker übernehmen, wenn sie auf Schuld erkannt haben. Die Konflikte müssen also der reinen Privatsphäre entzogen und in die öffentliche Sphäre überführt werden. Wenn dann der Rückgriff auf Gewalt notwendig ist, und d.h., wenn tatsächlich festgestellt wird, daß der Angeklagte die Freiheit im Gemeinwesen gefährden wollte, dann ist die Entscheidung, auf Gewalt zurückzugreifen, eine öffentliche Entscheidung, und auch der Gebrauch dieser Gewalt ist ein öffentlicher Gebrauch. Wir haben hier einen für die politische Philosophie zentralen Gedanken: Die Notwendigkeit, den Gebrauch von Gewalt einer öffentlich anerkannten und durch Gesetze geordneten Macht zu übertragen. Oder anders gesagt: Die Monopolisierung der legitimen Gewalt in den Händen der öffentlichen Macht.

Die Bürger einer Republik müssen stets die Möglichkeit haben, sich einer öffentlichen Macht zuzuwenden, um von ihr den von ihnen erwarteten Schutz ihres Lebens, ihres Besitzes und ihrer Freiheit zu verlangen. Und diese Möglichkeit wird ihnen durch die ‚Verfassung' und durch die Gesetze gegeben.

Diese Verfassung und diese Gesetze sollen die Bürger vor Ungerechtigkeiten schützen, und das heißt hier, ganz konkret, vor einem ungehemmten Ehrgeiz und einer ungehemmten Habsucht anderer Bürger. Wo die Gesetze die Bürger nicht mehr schützen, werden letztere vor die Notwendigkeit gestellt, sich selbst zu schützen, notfalls indem sie die Wege der gesetzlichen Ordnung verlassen. Wo aber diese Wege verlassen werden, droht der Untergang des Gemeinwesens. Oder anders gesagt: Die Notwendigkeit, böse zu handeln, muß immer eine auf die öffentliche Macht beschränkte Notwendigkeit bleiben; sie darf nie zu einer Notwendigkeit für Privatpersonen werden.

Die Institutionen und Gesetze eines wohlgeordneten Gemeinwesens müssen auch derart geordnet sein, daß es nicht zur Bildung von Parteien kommen kann: „Es stimmt, daß einige Spaltungen den Republiken schaden, und einige ihnen förderlich sind: jene sind schädlich, welche von Parteien (sette) und Parteigängern begleitet sind; jene sind förderlich, die ohne Parteien und ohne Parteigänger ausgetragen werden. Da nun der Gründer einer Republik nicht vermeiden kann, daß es in ihr zu Feindschaften kommt, muß er dafür sorgen, daß es zumindest keine Parteien gibt" (IF VI, 1: 792). Fatal für Florenz war, daß in der Heimatstadt Machiavellis jeder Konflikt zur Bildung von Parteien führte.

Gut zweieinhalb Jahrhunderte später, zur Zeit der Gründung der amerikanischen Republik, schreibt James Madison im zehnten Brief der *Federalist Papers*, daß „unter den zahlreichen Vorteilen die eine wohlgeordnete Gemeinschaft verspricht, keiner dermaßen ausgebaut zu werden verdient als ihre Tendenz, die Gewalt der Parteien (factions) zu brechen und zu kontrollieren."[2] Wie Machiavelli ist auch Madison der Auffassung, daß die gewaltsamen Parteien eine tödliche Gefahr für die Republik bilden. Um die Gefahr der Parteien von der Republik abzuwenden, gibt es, Madison zufolge, hauptsächlich zwei Wege. Einer davon setzt bei den Ursachen an und kann zwei Formen annehmen: Man verzichtet auf die Freiheit, welche die Bildung von Parteien ermöglicht, oder man vereinheitlicht die Meinungen und Leidenschaften, so daß es keine Konflikte mehr gibt. Insofern eine Vereinheitlichung der Meinungen und Leidenschaften nicht möglich ist und insofern eine

Abschaffung der Freiheit die vor den Parteien zu rettende Republik zerstört – und somit, könnte man sagen, das Kind mit dem Bad ausschüttet –, lehnt der Republikaner Madison diese beiden Methoden strikt ab. Bleibt somit noch der zweite Weg, der die Ursachen sein läßt, um sich auf die Wirkungen zu konzentrieren. Die Frage ist dann: Wie kann man die Parteien daran hindern, die Republik in Gefahr zu bringen? Madisons Antwort lautet: Indem man dafür sorgt, daß die Parteien relativ gesehen klein bleiben. Und wie ist dies zu bewirken? Auch hier hält Madison eine Antwort bereit: Indem man das Gemeinwesen derart vergrößert, daß es viele und sehr unterschiedliche Interessen gibt, und das heißt dann auch viele und sehr unterschiedliche Parteien, die immer, relativ gesehen, klein sein werden und es sich demnach überlegen werden, ob sie auf Gewalt zurückgreifen werden. Eine große Republik also mit vielen unterschiedlichen Partikularinteressen, die sich gegenseitig überwachen.

Wie löst Machiavelli das Problem der Parteien? Im Gegensatz zu Madison setzt der Florentiner den Hebel bei den Ursachen der Parteienbildung an. Auch wenn der Begründer einer Republik nicht vermeiden kann – und darin stimmen Machiavelli und Madison überein –, daß es Feindschaften gibt, so kann er doch Vorkehrungen treffen, damit diese Feindschaften nicht zur Bildung von Parteien führen. Für Machiavelli ist eine Partei eine Partei, ob klein oder groß. Er scheint nicht auf die gegenseitige Kontrolle zu zählen, obwohl er hinsichtlich Roms gesagt hatte, daß dort die vielen bedeutenden Männer, denen die Leitung eines erfolgreichen Feldzugs anvertraut wurde, sich gegenseitig überwachten, damit keiner von ihnen seine Popularität ausnutzte, um die Alleinherrschaft anzustreben. Eine ähnliche Überlegung hätte Machiavelli auch hinsichtlich der Parteien führen können.

Um zu wissen, welche Vorkehrungen zu dem gewünschten Ziel führen, ist es zunächst wichtig, die Bedingungen zu kennen, welche eine Parteienbildung ermöglichen. War Madison gleich von der Freiheit und der Feindschaft auf die Parteienbildung gekommen, so schaltet Machiavelli ein Zwischenglied ein, das ihm erlaubt zu zeigen, wie man die Ursachen der Parteienbildung bekämpfen kann, ohne gleichzeitig die Freiheit zu opfern und einer unmöglichen Abschaffung der Feindschaften nachzujagen.

Das eben erwähnte Zwischenglied ist das Ansehen: „Und deshalb sollte man wissen, daß es zwei Wege gibt, auf denen die Bürger einer Stadt Ansehen gewinnen: entweder auf öffentlichem Wege oder auf private Weise. Öffentlich gewinnt man Ansehen, wenn man eine Schlacht gewinnt, ein Stück Land erobert, mit Eifer und Behutsamkeit eine Gesandschaft ausführt, die Republik weise und erfolgreich berät; auf private Weise gewinnt man Ansehen, wenn man diesem oder jenem Bürger zum Vorteil gereicht, ihn vor den öffentlichen Beamten verteidigt, ihn mit Geld unterstützt, ihn zu Ehren bringt, ohne daß er es verdient, und indem man das niedere Volk (plebe) mit Spielen und öffentlichen Geschenken für sich gewinnt. Aus dieser Vorgehensweise entstehen die Parteien und die Parteigänger: und wie sehr das derart gewonnene Ansehen verletzt, so ist umgekehrt das Ansehen förderlich, wenn es nicht mit der Bildung von Parteien gemischt ist, denn es beruht dann auf einem allgemeinen Nutzen und nicht auf einem privaten" (IF VII, 1: 792-3).

Aus der Frage, wie man es vermeiden kann, daß sich Parteien bilden, wird somit die Frage, wie man es vermeiden kann, daß die Bürger einer Republik privates Ansehen erlangen können. Florenz hat dies nicht vermeiden können, und die *Istorie* zeigen, wie die Heimatstadt Machiavellis deshalb stets von gewaltsamen Auseinandersetzungen geprägt war. Das republikanische Rom, im Gegenteil, hat das Problem gelöst. Wie, erfahren wir in den *Discorsi* (D III, 28: 235), wo Machiavelli die Problematik der Parteienbildung schon angeschnitten hatte, aber ohne auf die Situation von Florenz einzugehen. Der Republik wird dort geraten, die öffentlichen Wege zur Erlangung von Ansehen groß zu öffnen, die privaten Wege aber zu schließen. Dabei erwähnt er auch die vorhin diskutierte Institution der öffentlichen Anklage: Wer auf privaten Wegen danach strebt, Ansehen zu gewinnen, soll öffentlich angeklagt werden. Da er aber die Grenzen der Wirksamkeit einer solchen öffentlichen Anklage erkennt und vor allem die Möglichkeit sieht, daß der Angeklagte die Richter oder das Volk manipuliert, schlägt er der Republik vor, im Notfall einen Diktator zu ernennen, der dann die Situation wieder ordnet.

Der Diktator gehört auch zu den Institutionen, welche es den Römern erlaubten, trotz der Feindschaften ein geordnetes Zusammenleben zu führen und die Gewalt zu hemmen. Dabei ist es wichtig, einerseits die Funktion des Diktators in der gesetzlichen Ordnung vorzusehen, und andererseits die Macht des Diktators klar zu umreißen (D I, 34: 116). Machiavelli plädiert also keineswegs für eine von allen normativen Vorgaben losgelöste diktatoriale Macht.

Indem die Funktion des Diktators in der gesetzlichen Ordnung vorgesehen ist, braucht man diese Ordnung nicht zu durchbrechen, wenn ein Fall auftritt, der eine „außerordentliche" Antwort verlangt. Die Instanz, welche diese Antwort gibt, wird dann eine ordentliche Instanz sein, aber der Inhalt ihrer Antwort wird außerordentlich sein. Wo die normale oder ordentliche exekutive Gewalt immer nur gemäß dem Gesetz handeln darf, ist es dem Diktator erlaubt, auch gegen das Gesetz zu handeln, wenn dies notwendig ist, um das Gemeinwesen zu retten. Damit versetzt sich der Diktator zwar außerhalb des durch die Gesetze abgesteckten Rahmens, aber er tut es, um das diesem Rahmen zugrundeliegende Gemeinwesen zu retten.

Der Grund, den Machiavelli angibt, um die Funktion des Diktators in der gesetzlichen Ordnung vorzusehen, besteht darin, daß man so nicht gezwungen ist, außerlegale Mittel anzuwenden. Genauer gesagt: Indem das Volk den Diktator gemäß einer gesetzlich vorgesehenen Prozedur ernennt, verläßt es nicht den Rahmen der gesetzlichen Ordnung und kann sich somit nicht mit der Zeit daran gewöhnen, diese Ordnung zu verlassen. Das Volk kann sich, anders gesagt, nicht daran gewöhnen, die Gesetze zu mißachten – denn die Ernennung des Diktators geschieht immer strikt nach dem Gesetz. Der Diktator seinerseits verläßt zwar den Rahmen der gesetzlichen Ordnung, aber da er nur für eine relativ kurze Zeit und für eine genau umschriebene Aufgabe ernannt wird, kann auch er sich nicht daran gewöhnen, außerordentliche Mittel zu gebrauchen. Damit ist auch schon zum Teil erklärt, wieso man die diktatorische Autorität begrenzen soll. Will man vermeiden, daß der Diktator zum Tyrann wird, so muß man ihm verbieten, jene Institutionen abzuschaffen, auf welchen die Freiheit, die er retten soll, beruht. Dem Diktator muß alle Macht gegeben werden, um die institutionelle Ordnung des Gemeinwesens zu retten, nicht aber, um diese Ordnung abzuschaffen. Die durch den Diktator abzuwendende Gefahr kann entweder eine externe – feindliche Truppen, die das Gemeinwesen angreifen – oder interne sein. Zu den internen Gefahren gehört das Abweichen von den Grundprinzipien des Gemeinwesens. Das erste Kapitel des dritten Buches der *Discorsi* ist überschrieben: „Wenn man will, daß eine religiöse Gemeinschaft (setta) oder eine Republik lange lebt, ist es notwendig, sie öfters wieder auf ihren Grund (principio) zurückzuführen." Ausgangspunkt der Überlegung Machiavellis ist die Tatsache, daß alle weltlichen Dingen ihrem Untergang zuneigen. Allerdings kann dieser Untergang verzögert werden, oder genauer, er kann entweder schon vor seinem von der Natur bestimmten Zeitpunkt eintreten oder erst mit diesem Zeitpunkt. Dies gilt auch für die menschlichen Gemeinwesen: Sie sind nicht ewig, sondern haben den natürlichen Augenblick ihres Untergangs schon gewissermaßen in sich vorbestimmt. Allerdings wird es von dem Begründer und den Mitgliedern des Gemeinwesens abhängen, ob das Gemeinwesen bis zu diesem fatalen und unausweichlichen Augenblick überleben wird oder ob es schon vorher zugrunde gehen wird.

Machiavelli zufolge liegt in den Anfängen eines jeden Gemeinwesens – ob Republik oder Königreich – wie auch in den Anfängen einer religiösen Gemeinschaft notwendigerweise etwas Gutes. Denn wo der Grund schon radikal verdorben ist, kann kein dauerhaftes Gemeinwesen entstehen. Dieses im Grunde enthaltene Gute (bontà) verdirbt sich aber mit der Zeit. Tritt man dieser Verderbnis nicht entgegen, so wird das Gemeinwesen daran zugrunde gehen. Retten kann man es nur, indem man zu dem Urgrund zurückgeht, wenn man also wieder so handelt, wie die Menschen gehandelt haben, die das Gemeinwesen begründet haben. Dies meint Machiavelli mit einer Rückführung auf den Grund.

Diese Rückführung kann nun entweder im Falle der Republik durch ein äußeres Ereignis hervorgerufen werden oder auf der Vor(aus)sicht der Menschen beruhen. Und dieser zweite Fall läßt sich wiederum unterteilen: Entweder zwingt ein Gesetz die Mitglieder des Gemeinwesens, über den Zustand ihres

Zusammenlebens nachzudenken, oder ein guter Mensch innerhalb des Gemeinwesens geht mit dem guten Beispiel voraus und besitzt eine derartige Autorität, daß er das Gemeinwesen wieder auf seinen Grund zurückführen kann.

Auch hier dient Rom als Vorbild: „Und was diesen letzten Punkt betrifft, so bestanden die Institutionen, welche die römische Republik auf ihren Grund zurückführten, in den Volkstribunen, den Zensoren und aus allen anderen Gesetzen, die sich gegen den Ehrgeiz und die Frechheit der Menschen richteten. Diese Institutionen müssen durch die *virtù* eines Bürgers lebendig gehalten werden, welcher mutig dazu beitragen wird, sie gegen die Macht jener durchzusetzen, die sich ihnen widersetzen. [Es folgen dann Beispiele]. Diese Beispiele, weil sie das normale Strafmaß überschritten und allgemein bekannt waren, führten jedesmal die Menschen wieder dorthin zurück, wo sie hin sollten: Und als sie seltener wurden, gaben sie auch den Menschen mehr Raum, sich zu verderben, und waren auch durch eine größere Gefahr und durch mehr Tumulte begleitet. Denn zwischen zwei solchen Ausführungen sollten nicht mehr als zehn Jahre vergehen; denn vergeht mehr Zeit, dann beginnen die Menschen ihre Gewohnheiten zu wechseln und die Gesetze zu übertreten; und wenn nichts eintritt, was ihnen die Strafe wieder ins Gedächtnis einprägt und in ihnen wieder die Angst hervorruft, dann vermehren sich die Delinquenten derart schnell, daß man sie nicht mehr ohne Gefahr bestrafen kann" (D III, 1: 195-96).

Die Disziplinierung des Menschen und dessen Bereitschaft, den geordneten Weg des Gesetzes zu gehen, sind nie abgesichert. Man muß also immer wieder versuchen, den Augenblick neu entstehen zu lassen, in dem die Menschen tatsächlich auf Gewalt verzichteten, also den Augenblick der Gründung des Gemeinwesens. Sagt Machiavelli auch, daß eine Rückführung zum Grunde durch externe oder interne Faktoren geschehen kann, so steht doch für ihn fest, daß es am besten ist, wenn ein Gemeinwesen sich von sich aus erneuern kann, sei es mittels der Gesetze oder mittels eines vorbildlichen Bürgers. Wie die eben zitierte Stelle es nahelegt, wird eine solche Rückführung höchstwahrscheinlich mit Gewalt verbunden sein.

4. Die Außenpolitik

Wenn von der Größe des republikanischen Roms die Rede ist, dann ist damit nicht nur die innen-, sondern auch die außenpolitische Dimension gemeint. Während die Adligen und das Volk sich im Inneren um ein angemessenes Gleichgewicht im Besitz der institutionellen Macht stritten und dadurch Gesetze hervorbrachten, die Rom zu einem Paradigma der republikanischen Freiheit machten, wuchs Rom nach außen zu einem Weltreich heran. Dabei gibt es einen engen Zusammenhang zwischen den internen Konflikten und der imperialistischen Politik.

Im sechsten Kapitel des ersten Buches der *Discorsi* wirft Machiavelli die Frage auf, „ob man in Rom einen Zustand (stato) herstellen konnte, der den Feindschaften zwischen dem Volk und dem Adel ein Ende setzte" (D I, 6: 84). Bevor er diese Frage beantwortet, untersucht Machiavelli das Beispiel zweier Republiken, in denen es keine solchen Feindschaften gab bzw. gibt: Sparta und Venedig.

Im antiken Sparta, so Machiavelli, hat der Gesetzgeber Lykurg gleich von Anfang an eine perfekte Ordnung geschaffen, also eine Ordnung, die in Rom erst erkämpft werden mußte – die aber, weil die von Romulus gegebene Ordnung schon in die richtige Richtung wies, auf eine relativ friedliche Weise erkämpft werden konnte. Fundamental für die von Lykurg geschaffene Ordnung war die Tatsache, daß er der Bereicherung von Privatpersonen strenge Grenzen setzte und daß er nur sehr wenige öffentliche Ämter schuf, die außerdem für das Volk unzugänglich waren. Des weiteren ist zu bemerken, daß die Adligen das Volk wohlbehandelten, so daß dieses nicht nach den öffentlichen Ämtern strebte. Anders ausgedrückt: In Sparta hatte das Volk nicht den Eindruck, beherrscht zu werden, und empfand so keine Notwendigkeit, den Kampf mit den Adligen aufzunehmen, um seine Freiheit zu bewahren. Oder noch anders ausgedrückt: Da die Adligen nicht aus freier Wahl böse waren, brauchte das Volk nicht aus Notwendigkeit böse zu werden.

Der Grund für diese Güte der Adligen gegenüber dem Volk ist folgender: „Das rührte von den spartanischen Königen her, die, weil sie inmitten dieses Fürstentums und dieses Adels waren, es ziemlich leicht hatten, ihre Würde zu bewahren, nämlich indem sie das Volk (plebe) vor jeder Verletzung bewahrten; und daraus folgte, daß das Volk sich nicht fürchtete und nicht nach der Herrschaft strebte; und da es keine Herrschaft hatte noch fürchtete, war der Wettkampf aufgehoben, den es mit dem Adel hätte haben können, und damit auch die Ursache der Tumulte; und sie konnten lange Zeit in Einigkeit leben" (D I, 6: 85). Hinzu kommt, daß Sparta sich jeder Einwanderung verschloß und die Zahl seiner Einwohner immer gering blieb.

Insofern das Volk nicht an der Herrschaft teilnahm, hatten die Adligen keinen Grund zur Furcht. Und insofern das Volk den Eindruck hatte, daß die Könige es gegen die wenigen Adligen schützten, hatte es keinen Grund zu fürchten. Da also weder das Volk noch die Adligen sich vor der anderen Partei zu fürchten hatten, stand keine der beiden Parteien vor der Notwendigkeit, den Kampf aufzunehmen. Somit konnte Sparta die innere Einheit bewahren.

Im Gegensatz zu Sparta hatte Venedig keinen weisen Gesetzgeber, welcher der Stadt gleich zu Beginn eine ideale Ordnung gab. Die Ordnung war hier eher das Produkt des Zufalls. Am Anfang lebten die Menschen ohne gesetzliche Ordnung. Als sich ihre Zahl dann vergrößerte, mußten sie Gesetze machen, um ein geordnetes Zusammenleben zu ermöglichen. Hier finden wir wieder das Muster der Entstehung der politischen Gemeinschaft, mit dem wir uns im vorigen Kapitel befaßt hatten. Die ursprüngliche Gemeinschaft umfaßte alle Einwohner desjenigen Ortes, dem man später den Namen Venedig gegeben hat. Am Anfang war Venedig also eine Demokratie, eine politische Gemeinschaft, in welcher jeder an der öffentlichen Macht teilnehmen konnte. Diese ursprüngliche Demokratie verwandelte sich dann aber in eine Oligarchie, da die Gesetze vorsahen, daß die Immigranten von den politischen Ämtern ausgeschlossen bleiben sollten. Je mehr Immigranten sich in der Lagunenstadt niederließen, umso kleiner war die Proportion der Einwohner, die an der Macht teilnehmen konnten. Somit war der Gegensatz von Mächtigen und Entmachteten und damit auch eine mögliche Ursache von Konflikten gegeben. Diese blieben aber aus: „Dieser Zustand konnte sich ohne Tumulte etablieren und aufrechterhalten, weil, als er entstand, jeder der in Venedig lebte, an der Herrschaft teilnehmen konnte, so daß niemand sich beklagen konnte; diejenigen die daraufhin nach Venedig kamen, um dort zu wohnen, fanden eine feste und fertige Herrschaftsordnung vor und hatten keinen Grund und keine Gelegenheit, Tumulte auszulösen. Es gab keinen Grund, da man ihnen nichts weggenommen hatte; es gab keine Gelegenheit, weil diejenigen, die an der Macht waren, sie bremsten und sie nicht für solche Aufgaben verwendeten, in denen sie Autorität hätten erlangen können" (ebd.). Hinzu kommt noch, daß die Zahl der Immigranten relativ gesehen gering war und sie nie die Zahl der ‚Ureinwohner' bzw. die Zahl derer Nachkommen überstieg.

Wer nach Venedig kam, konnte im voraus wissen, daß er dort von den politischen Ämtern ausgeschlossen werden würde. Kam er dennoch, so konnte angenommen werden, daß er stillschweigend akzeptierte, beherrscht zu werden. Dementsprechend kann er keinen legitimen Anspruch erheben, an der politischen Macht teilzunehmen: Er wird nicht ungerecht behandelt, wenn ihm die Teilnahme verweigert wird.

Indem die Venezianer außerdem davon absahen, den Immigranten Aufgaben zu übergeben, welche ihnen eine bestimmte Autorität hätten verleihen können, setzten sie sich auch nicht vor die Notwendigkeit, undankbar zu sein. Würden sie den Immigranten nämlich solche Aufgaben übergeben und würden diese ihre Aufgabe gut erfüllen, müßte man ihnen gegenüber dankbar sein und sie belohnen. Und wer weiß, ob die Immigranten nicht eines Tages eine Teilnahme an der politischen Macht als Belohnung für treu erwiesene Dienste erwarten würden.

Aufgrund der eben geschilderten Maßnahmen konnten Sparta und Venedig den Feindschaften entgehen, die Rom kennzeichneten. Machiavelli zufolge hätte Rom theoretisch auch den Weg einer Republik nehmen können, die von Feindschaften frei gewesen wäre. Zwei Maßnahmen wären dazu notwendig gewesen: Einerseits hätte man das Volk nicht für den Krieg mobilisieren sollen, und andererseits hätte man sich der Einwanderung verschließen müssen. In Rom tat man aber weder das eine noch das andere. Damit waren aber die Bedingungen für die Feindschaften und die aus ihnen entstehenden Tumulte gegeben. Gleichzeitig waren aber auch die Bedingungen für die Schaffung eines Imperiums gegeben. Die offene Einwanderungspolitik schuf die quantitative Bedingung für eine imperialistische Politik: Wo viele Menschen sind, können viele Soldaten rekrutiert werden. Die offene Rekrutierungspolitik schuf die qualitative Bedingung für eine imperialistische Politik: Wo viele Menschen für den Wehrdienst rekrutiert werden, kann der Kampfgeist in vielen erweckt und aufrechterhalten werden. Daß dieser Kampfgeist nicht nach Belieben aus- und abgeschaltet werden kann, so daß er auf dem Kampfplatz auflebt und auf dem *forum romanum* wieder einschläft, ist ein Nachteil, den man in Kauf nehmen muß. Wie Machiavelli bemerkt: „Und wer die menschlichen Angelegenheiten genau untersucht, wird feststellen können: Man kann niemals einen Nachteil aus dem Wege räumen, ohne daß ein anderer auftaucht" (ebd.).

Wer einer Republik Gesetze geben will, wird sich demnach die Frage stellen müssen, ob er eine imperialistische oder eine in sich geschlossene Republik haben will. Die zweite Form entspricht dem Ideal der Republik: „Denn zwei Gründe führen dazu, daß man Krieg gegen eine Republik führt: der eine, um über sie zu herrschen; der andere, aus Furcht, von ihr besetzt zu werden. Die oben angeführten Maßnahmen machen diese zwei Gründe so gut wie ganz zu nichte, denn wenn es schwer ist, wie ich es voraussetzen will, die Republik zu erobern, weil sie gut auf die Verteidigung vorbereitet ist, wird es selten, wenn überhaupt, vorkommen, daß jemand den Plan schmiedet, Besitz von ihr zu ergreifen. Wenn sie innerhalb ihrer Grenzen bleibt und die Erfahrung einen lehrt, daß sie keinen Ehrgeiz (ambizione) hat, wird es niemals vorkommen, daß jemand ihr aus Furcht den Krieg erklärt: und dies wäre um so mehr der Fall, als sie eine Verfassung (costituzione) oder ein Gesetz hat, die ihr verbieten, sich zu vergrößern. Und ich glaube ohne Zweifel, daß, wenn es einem gelänge, dies Gleichgewicht zu bewahren, dies das wahrhafte politische Leben (vero vivere politico) und die wahre Ruhe (vera quiete) einer Stadt wäre" (D I, 6: 86).

Was wir im vorigen Kapitel hinsichtlich des Zusammenlebens der Menschen als solchen und in diesem Kapitel hinsichtlich des Zusammenlebens der sozialen Gruppen gesagt haben, läßt sich ohne weiteres auch auf das Zusammenleben der Republiken anwenden. Bei Machiavelli finden wir also eine Symmetrie zwischen dem anthropologischen, dem sozialen und dem – mangels eines besseren Ausdrucks – völkerrechtlichen Problem der Politik. Es geht jedesmal um die Frage, ob und wie man Entitäten zusammenleben lassen kann, ohne daß sie vor die Notwendigkeit gestellt werden, auf Gewalt zurückzugreifen. Und die Antwort lautet: Indem man sie vor der Furcht bewahrt, selbst zum Opfer von Gewalt zu werden.

Kommentieren wir kurz die von Machiavelli angeführte ideale Lösung des völkerrechtlichen Problems. Wie einzelne Individuen können auch Republiken aus freier Wahl – hinter der oft die reine *ambizione* steht – oder aus Notwendigkeit handeln. Will man vermeiden, daß jemand eine Republik aus freier Wahl angreift, muß man den potentiellen Angreifer abschrecken. Will man vermeiden, daß jemand eine Republik aus Notwendigkeit angreift, muß man vermeiden, daß die Republik Furcht einflößt. Will eine Republik keine Furcht einflößen, so muß sie gut handeln, und das heißt, nicht aggressiv sein. Somit erweckt sie das Vertrauen der anderen. Dies Vertrauen kann noch dadurch verstärkt werden, daß die Republik sich selbst verbietet, furchteinflößende Handlungen auszuführen. Das setzt aber selbstverständlich voraus, daß die Nachbarstaaten davon ausgehen können, daß die Republik sich an ihre eigenen Gesetze halten wird.

Die ideale Republik wäre also eine Republik, die über genügend Macht verfügt, um sich zu verteidigen, die aber gleichzeitig bereit ist, auf jeden imperialistischen Gebrauch dieser Macht zu verzichten. Es ist eine Republik, die andere erobern *kann*, die sie aber nicht erobern *will*. Eine solche Republik wird also nicht aus freier Wahl erobern, sondern höchstens aus Notwendigkeit. Insofern sie aber gut verteidigt ist, kann sie diese Notwendigkeit bannen. Die ideale Republik ist eine friedliche Republik.

Unter gegebenen Umständen kann dieses Ideal Wirklichkeit werden. Als Beispiel führt Machiavelli hier die freien deutschen Städte an. Von ihnen heißt es, sie brauchten sich nicht vor dem Kaiser zu fürchten. Sie sind allerdings von Feinden umgeben. Dies hat aber eine positive Auswirkung, da es diese Gemeinschaften zwingt, geeint zu bleiben. Machiavelli ist sich aber des außergewöhnlichen Charakters dieser Situation bewußt: „Und weil es diese Bedingungen anderswo nicht gibt, kann man diese Lebensweise nicht übernehmen; und es ist notwendig, sich zu vergrößern, entweder durch einen Bund oder so wie die Römer. Und wer sich anders verhält, der sucht nicht nach seinem Leben, sondern nach dem Tod und geht zugrunde [...]" (D II, 19: 175).

Wie wir schon die Gelegenheit hatten festzustellen, ist Machiavelli nicht so sehr an idealen Entwürfen interessiert, sondern er möchte die *verità effettuale* erfassen, also wissen, wie man hier und jetzt, bzw. unter normalen Bedingungen, ein Gemeinwesen einzurichten hat, um ihm Dauer und Stabilität zu verschaffen. Dieser Vorrang der *verità effettuale* manifestiert sich auch hinsichtlich des eben dargestellten Bildes der idealen Republik.

Machiavelli macht zunächst darauf aufmerksam, daß die menschliche Welt nicht stillsteht. Wenn also eine Republik sehr wohl zu einem gegebenen Zeitpunkt nicht vor der Notwendigkeit steht, sich zu vergrößern, so muß doch damit gerechnet werden, daß sie einmal vor dieser Notwendigkeit stehen könnte, daß sie sich also in einer Situation befinden könnte, in der es für sie nur zwei Möglichkeiten gibt: sich vergrößern oder untergehen. Dies könnte etwa durch ein rapides Anwachsen der Bevölkerung, durch eine Verschlechterung des landwirtschaftlich genutzten Bodens oder durch einen sich auf sehr gefährliche Weise aufrüstenden Nachbarn bedingt sein. Die nie zu bannende Wahrscheinlichkeit, daß die Republik sich in einer solchen Situation befinden könnte, läßt ihr keine andere Wahl – wenn sie ihren möglichen Untergang vermeiden will –, als sich die Tür der Vergrößerung offenzuhalten. Will sie sich also keine gesetzliche Ordnung geben, die zu ihrem Untergang führen könnte, darf sie kein Gesetz erlassen, das es ihr verbietet, sich zu vergrößern.

Unnütz zu sagen, welche Wirkung dies auf die Nachbarstaaten haben wird. Diese müssen mit der Möglichkeit rechnen, daß sich die von der Notwendigkeit betroffene Republik auf ihre Kosten vergrößert. Damit sind sie aber vor die Notwendigkeit gestellt, sich zu verteidigen. Hinzu kommt, daß auch sie wissen, daß sie eines Tages vor die Notwendigkeit gestellt werden können, sich zu vergrößern. Die allgemeine Konsequenz hiervon ist, daß die Staatenwelt immer in einem Zustand der Furcht verbleibt.

Doch gesetzt den Fall, daß die Republik derart stark ist und bleibt, daß niemals ein anderer Staat daran denken wird, sie zu erobern. Gesetzt auch den Fall, daß es nie zu einer derartigen Zunahme der Bevölkerung oder zu einer derartigen Land- und Nahrungsknappheit kommen wird, daß die Republik sich vergrößern muß. Kann man sagen, daß, wenn diese günstigen Bedingungen erfüllt sind, die Republik über der Notwendigkeit steht, sich zu vergrößern? Hören wir Machiavelli: „So daß, auf der anderen Seite, wenn auch der Himmel ihr gegenüber so günstig wäre, daß sie keinen Krieg zu führen brauchte, es dazu kommen würde, daß die Müßigkeit sie verweichlicht oder uneinig macht; welche zwei Dinge zusammen oder jede für sich genommen, die Ursachen ihres Unterganges wären" (D I, 6: 86).

Kommt es zur Verweichlichung, kann die Republik leicht von den Nachbarstaaten erobert werden, da verweichlichte Menschen sich nicht mehr angemessen verteidigen können. Die gute Verteidigung, die ein Mittel war, um in Ruhe leben zu können, zerstört sich somit indirekt selbst. Was dann den Hinweis auf die Uneinigkeit betrifft, so scheint Machiavelli vorauszusetzen, daß der Mensch ein streitsüchtiges Wesen ist und daß eine Republik ohne äußeren Feinde notwendigerweise Feindschaften in ihrem Inneren wird aufkommen sehen.

Gleich zu Beginn der *Discorsi* weist Machiavelli darauf hin, daß Menschen, die in einem unfruchtbaren Gebiet leben, weniger dazu neigen, sich unter sich zu streiten (I, 1: 78). Es ist hier die Notwendigkeit der Kooperation zum Zweck des Überlebens, die sie zusammenhält. Wo nun die Notwendigkeit einer ökonomischen Kooperation zum bloßen Überleben abnimmt, wo also die Menschen auch Zeit haben, sich nicht nur über ihr reines Überleben, sondern auch über ihr gutes Leben – und der damit verbundenen Frage, wer Macht über wen ausüben kann und darf – Gedanken zu machen, da wird es zu Feindschaften kommen, da die *ambizione* sich zu Wort melden wird. Wie wir wissen, kann die *ambizione* nicht aus der menschlichen Natur entfernt werden. Wenn ihr nun aber untersagt wird, ihr Unwesen im Inneren einer Republik zu treiben, wird sie versuchen, Befriedigung im Krieg gegen Nachbarstaaten zu finden. So heißt es im Gedicht ‚Dell'ambizione': „Wenn eine Gegend ungehemmt lebt / aufgrund ihrer Natur, und dann, durch Zufall, / durch gute Gesetze unterrichtet und geordnet wird / wird der Ehrgeiz gegen die Nachbarn (esterna gente) / wenden seine Raserei, die gegeneinander zu wenden / ihnen weder das Gesetz noch der König erlaubt" (TO: 985).

In den *Discorsi* hebt Machiavelli hervor, daß es für ein Gemeinwesen nichts Schrecklicheres gibt, als einer Republik unterworfen zu sein (D II, 2: 150). Zwei Gründe erklären dies. Erstens, so Machiavelli, ist die Unterwerfung unter eine Republik dauerhaft, da die Republik eine dauerhaftere Regierungsform ist – vor allem wenn sie, wie in Rom, die drei Regierungsformen in sich vereinigt. Zweitens, und hier ist der wichtigste Punkt, ist das Ziel einer Republik, alle anderen Körper abzuschwächen und auszubeuten, um sich selbst zu vergrößern. Darin unterscheidet sich die Republik vom Fürstentum, und wer im Machiavellischen Fürst das politische Monstrum schlechthin zu sehen meint, sollte sich folgende Zeilen aus den *Discorsi* durch den Kopf gehen lassen: „Das wird ein Fürst nicht tun, der Dich unterwirft, wenn dieser Fürst nicht irgendein barbarischer Fürst ist, ein Zerstörer der Länder und ein Vergeuder jeder menschlichen Zivilisation, wie es die orientalischen Fürsten sind" (ebd.).

Wer eine ideale Republik errichten möchte, müßte erstens die Verteidigung derart gut gestalten, daß er sicher sein könnte, daß niemals jemand sich trauen wird, die Republik anzugreifen. Er müßte zweitens dafür sorgen, daß sich die Müßigkeit nicht einschleicht und die Menschen verweichlicht, es sei denn, die Verteidigungsmechanismen könnten auch ohne sie betätigende oder bedienende Menschen funktionieren. Er müßte drittens dafür sorgen, daß sich die Müßigkeit nicht einschleicht und zu Uneinigkeit führt, es sei denn, er würde der Republik eine gesetzliche Ordnung geben, innerhalb deren

Rahmen diese Uneinigkeiten auf gewaltlose Weise, wenn auch mit Tumulten, beigelegt werden können. Das setzt aber voraus, daß es ihm gelingt, den Ehrgeiz ein für allemal zu bändigen. Und hier liegt wahrscheinlich die Grenze der Politik.

5. Der Untergang der wohlgeordneten Republik

Am Anfang der *Discorsi*, gleich nachdem er die in unserem vorigen Kapitel kommentierte Entstehung der ersten menschlichen Gemeinschaften dargestellt hat, beschreibt Machiavelli – sich auf Polybius' *anacyclosis* stützend – die Abfolge der Regierungsformen (D I, 2: 80). Die Menschen leben zunächst unter von ihnen gewählten Fürsten, wobei die Gerechtigkeit des zu Wählenden eine ausschlaggebende Rolle spielt. Mit der Zeit verwandelt sich die ‚Wahlmonarchie' in eine erbliche Monarchie. Das führt aber dazu, daß auch schlechte und ungerechte Fürsten an die Macht kommen, da die Gerechtigkeit kein erbliches Merkmal ist. Diese Fürsten ziehen den Haß der Menschen auf sich, und die zur Tyrannis entartete Monarchie wird durch eine Aristokratie ersetzt. Am Anfang regieren die Optimaten gemäß den Gesetzen und im Hinblick auf das allgemeine Wohl, da sie sich noch an die Konsequenzen einer ungerechten Herrschaft erinnern. Doch auch hier führt die Erblichkeit der Funktion zu einer Krise: Die Nachkommen der ersten Optimaten besitzen nicht die Tugend und die Mäßigung ihrer Vorfahren. Es kommt auch hier wieder zu Ungerechtigkeiten, welche das Volk dazu führen, sich aufzulehnen und die Aristokratie durch einen *stato popolare*, also eine Regierung des Volkes zu ersetzen. Auch hier läuft wieder alles gut während der ersten Generation. Sobald diese aber durch die zweite Generation ersetzt wird, herrschen erneut Willkür und Ungerechtigkeit. Um diesem, dem Hobbesschen Naturzustand sehr ähnlichen Zustand zu entkommen, suchen die Menschen Zuflucht bei einem Fürsten, der wieder die Ordnung herstellen kann. Und dann beginnt der ganze Zyklus wieder vom Anfang.

Dieser scheinbar naturgesetzlich ablaufende Zyklus kann durch zweierlei Ereignisse unterbrochen werden. Das eine ist die Eroberung, und das heißt dann das Verschwinden des dem Zyklus unterworfenen Gemeinwesens. Dabei muß man aber fragen, ob die einem anderen Gemeinwesen integrierten Menschen nicht in diesem neuen Gemeinwesen genau demselben Zyklus unterworfen sein werden.

Hier wird das zweite Ereignis relevant. Der Zyklus wird solange ununterbrochen andauern, wie die Menschen einfache oder reine Regierungsformen errichten werden. Gelingt es ihnen aber, eine gemischte Regierungsform zu errichten, eine Regierungsform also, welche monarchische, aristokratische und demokratische Elemente in sich vereinigt, dann werden sie dem Zyklus entkommen. Wie wir vorher gesehen haben, hat das republikanische Rom eine gemischte Regierungsform gekannt. Wie uns aber die Geschichte lehrt, hat diese gemischte Regierungsform Rom nicht davor bewahrt, seine republikanische Identität zu verlieren und ein Kaiserreich zu werden. Auch der wohlgeordneten Republik Rom, die Machiavelli seiner Heimatstadt Florenz als nachzuahmendes Beispiel vorschlägt, ist es also nicht gelungen, ihre Regierungsform ewig aufrechtzuerhalten. Im folgenden wollen wir uns die von Machiavelli angeführten Gründe für den Untergang des republikanischen Roms ansehen.

Den Anfang vom Ende des republikanischen Roms bildete das Gracchische Agrargesetz. Dieses Gesetz, so Machiavelli, umfaßte zwei Hauptpunkte: Einerseits begrenzte es die Landfläche, die ein Römer besitzen durfte, und andererseits sah es vor, daß das dem Feind abgerungene Land unter das Volk verteilt werden sollte (D I, 37: 119). Diese zwei Maßnahmen mußten den Unmut der Adligen hervorrufen: „Dadurch verletzte man die Adligen auf zweierlei Weise: denn denjenigen, die mehr Land besaßen, als vom Gesetz erlaubt (und dies traf auf die Mehrzahl der Adligen zu), mußte es weggenommen werden; und indem man das Land und die Besitztümer der Feinde unter das Volk verteilte, nahm man den Adligen die Möglichkeit, sich zu bereichern" (ebd.). Das Agrargesetz kann demnach als ein frontaler Angriff gegen die Adligen aufgefaßt werden: „[D]er römischen Plebs genügte es nicht, sich durch die Einrichtung der Tribunen vor den Adligen zu schützen, wozu sie durch die Notwendigkeit gezwungen war; so daß sie, sobald sie dies erreicht hatte, damit anfing, aus Ehrgeiz zu kämpfen, und mit den Adligen den Ruhm und den Reichtum teilen wollte, zwei Dinge, welche die Menschen am meisten schätzen. Hieraus erwuchs die Krankheit, welche die Auseinandersetzung über das Agrargesetz hervorrief, welche schlußendlich der Grund für den Untergang der Republik war" (ebd.).

Hier finden wir die schon des öfteren hervorgehobene Unterscheidung zwischen einem Kämpfen aus Notwendigkeit und einem Kämpfen aus Ehrgeiz wieder. Der Kampf aus Notwendigkeit hat den Besitz der institutionellen Macht zum Gegenstand: Durch diesen Besitz oder, genauer, durch die Teilnahme an diesem Besitz, kann das Volk sich gegen den Adel verteidigen. Unglücklicherweise bleibt die immer größere Teilhabe an der institutionellen Macht aber nicht darauf beschränkt, sich gegen die hegemonialen Tendenzen des Adels zu verteidigen. Sobald ein bestimmter Grad von institutioneller Macht erreicht ist, gebraucht das Volk diese Macht, um den Besitz und die ökonomische Vormachtstellung des Adels anzugreifen. Das Kämpfen aus Ehrgeiz verfolgt andere Ziele als der Besitz der institutionellen Macht zu Verteidigungszwecken. Das Ziel des Nicht-beherrscht-werden-Wollens verwandelt sich in das Ziel des Beherrschenwollens.

Hatte der Adel der Teilung der institutionellen Macht zugestimmt, so ist er aber nicht bereit, auf seinen Besitz und auf seine ökonomischen Vorteile zu verzichten. Wie Machiavelli an einigen Stellen hervorhebt, sollte eine Regierung davon ablassen, den Besitz der Untertanen anzutasten, denn sie sind nicht bereit, diesen ohne Gegenwehr loszulassen. Das gilt sowohl für eine Republik wie auch innerhalb eines Fürstentums.

Der ökonomische Angriff löste bei den Adligen einen großen Haß auf die Plebejer aus, ein Haß, dessen Konsequenzen nicht mehr kontrolliert werden konnten, zumal er auch noch mit der Furcht um die eigene Existenz gepaart war: „[S]o griff man zu den Waffen, und es kam zum Blutvergießen, entgegen jeder gesetzlichen Weise und Gepflogenheit (modo e costume civile)" (D I, 37: 120). Die Institutionen waren nicht mehr in der Lage, die Individuen zu schützen, so daß diese ihren eigenen Schutz organisierten, indem jede Gruppe sich einem Führer unterwarf. Der Konflikt verließ somit den Rahmen der öffentlichen Sphäre, um sich auf der privaten Ebene auszutragen. Aus einem Kampf mit gesetzlichen Mitteln wurde ein Kampf mit Waffengewalt. Man hörte auf, sich wie Menschen zu begegnen. Diese Enthumanisierung des Konfliktes führte schließlich zum Untergang der Republik. Der Zyklus der Regierungsformen, nachdem ihn die gemischte Regierung der römischen Republik während ungefähr fünf Jahrhunderten aufgehalten hatte, schritt wieder voran: Das ungesetzliche Kämpfen der Privatleute – der Bürgerkrieg – führte zur despotischen Herrschaft der Cäsaren. Damit war zwar der Größe Roms kein Ende gesetzt, wohl aber der republikanischen Freiheit.

Das Agrargesetz war allerdings nicht der einzige Grund für den Untergang des republikanischen Roms. Im dritten Buch der *Discorsi* erfahren wir, daß es eigentlich zwei Gründe für diesen Untergang gab: die Konflikte um das Agrargesetz und die Verlängerung der Amtsdauer. Diese Verlängerung, so Machiavelli, hatte zwei Nachteile. Einerseits verhinderte sie eine Rotation und beschränkte die Zahl derer, die sich im Umgang mit der Macht auskannten und sich dort Ruhm erwarben, was zur Folge hatte, daß es immer weniger Leute gab, die sich gegenseitig in Schach halten konnten. Andererseits führte diese Verlängerung dazu, daß die Feldherren lange an der Spitze ihres Truppenteils bleiben konnten, was dazu führte, daß sie ihre Soldaten für sich gewinnen und mit ihnen nach der politischen Macht streben konnten (D III, 24: 231). Somit züchtete sich das republikanische Rom gewissermaßen seine eigenen Totengräber.

Hätte Rom seine republikanische Regierungsform bewahren können? Wie wir soeben gesehen haben, waren es die Gracchier, welche sozusagen die Schnur des Pulverfasses zündeten, indem sie ihr Agrargesetz durchsetzten. Dieses Gesetz muß vor dem Hintergrund eines anderen Gesetzes gesehen werden, ein für eine wohlgeordnete Republik fundamentales Gesetz: „Und weil die wohlgeordneten Republiken das Gemeinwesen reich und ihre Bürger arm halten müssen, wird man darin übereinstimmen müssen, daß dieses Gesetz in Rom einen Mangel aufwies: entweder wurde dieses [Gesetz] nicht von Anfang an so entworfen, daß man es nicht Tag für Tag neu auszuhandeln gehabt hätte, oder man wartete so lange darauf, es zu verabschieden, daß es nicht ohne Aufruhr auf eine schon gegebene Situation angewendet werden konnte, oder es wurde, trotz einer guten ursprünglichen Konzeption, durch den Gebrauch verdorben: so daß, wie dem auch sei, es unmöglich war, in Rom über dieses Gesetz zu sprechen, ohne daß die Stadt kopfüber stand" (D I, 37: 119).

Das Agrargesetz der Gracchier wollte also ein für eine wohlgeordnete Republik fundamentales Gesetz durchsetzen. Insofern kann Machiavelli die Absicht der Gracchier loben, aber gleichzeitig ihren Sinn für Vorsicht in Frage stellen (D I, 37: 120). Denn es war höchst unvorsichtig von ihnen, bestimmte historisch entstandene ökonomische Verhältnisse umstürzen zu wollen. Daß diese Verhältnisse nicht mit dem Wesen einer wohlgeordneten Republik übereinstimmten, wird nicht von unserem Autor geleugnet. Die Gracchier hätten von ihrem Gesetz absehen sollen, denn dieses Gesetz hat die Freiheit des Volkes nicht gerettet, sondern es hat sie endgültig begraben. Sie hätten abwarten sollen, denn „wenn man abwartet, dann taucht das Übel erst zu einem späteren Zeitpunkt auf, oder es erlischt von selbst mit der Zeit, noch bevor es ausbricht" (ebd.).

Auf die vorhin gestellte Frage, ob das republikanische Rom dem Untergang hätte entgehen können, läßt sich zumindest mit einem vorsichtigen „Dieser Untergang hätte verschoben werden können" antworten. Er hätte verschoben werden können, wenn das Volk, nachdem es die Teilhabe an der institutionellen Macht errungen hatte, davon abgesehen hätte, auf die ökonomischen Vorteile der Adligen zu schielen. Aber da der menschliche Ehrgeiz immer dann über das Maß hinaus, schießt, wenn der Kampf aus Notwendigkeit sich in einen Kampf aus Ehrgeiz verwandelt, war mit der zunehmenden Teilhabe des Volkes an den politischen Institutionen die Gefahr gegeben, daß es zu dieser Verwandlung kommt.

Was wäre geschehen, wenn Romulus von Anfang an ein Gesetz erlassen hätte, das die private Bereicherung verbietet oder doch zumindest in Grenzen hält? Das Gesetz der Gracchier wäre unter diesen Umständen überflüssig gewesen, und es wäre nicht zu den die Republik zerstörenden Konflikten gekommen. Und was wäre geschehen, wenn sich jemand gefunden hätte, der die Agrargesetze mit eiserner Hand durchgesetzt hätte, der also die ökonomische Ungleichheit in eine ökonomische Gleichheit verwandelt hätte? Ein solcher Diktator hätte auf außergewöhnliche und äußerst grausame Mittel zurückgreifen müssen. Das Material war schon verdorben, und wo das Material schon verdorben ist, kann nur eine Radikalkur helfen: „Und man kann diesen Schluß ziehen, daß, wo die Materie nicht verdorben ist, die Tumulte und anderen Skandale kein Unheil schaffen: wo sie verdorben ist, da helfen die gut eingerichteten Gesetze nicht, wenn sie nicht durch jemanden in Bewegung gesetzt werden, der durch eine äußerst große Kraft für ihre Einhaltung sorgt, bis die Materie gut wird. Ich weiß nun aber nicht, ob dies schon je einmal stattgefunden hat oder ob es möglich ist, daß es je stattfindet: denn man sieht, wie kurz zuvor gesagt wurde, daß eine Stadt, die wegen der Verdorbenheit ihrer Materie ihrem Untergang zustrebt, sich einzig und allein durch die *virtù* eines zu dieser Zeit lebenden Menschen wieder nach aufwärts wird bewegen können und nicht durch die *virtù* der Allgemeinheit, die die gute Ordnung unterstützt; und sobald dieser [scil. Mensch N.C.] tot ist, kehrt sie zu ihrer anfänglichen Gewohnheit zurück […]" (D I, 17: 102).

Insofern die Materie der römischen Republik im ersten Jahrhundert vor Christus schon verdorben war, hätte auch ein Diktator kaum Chancen gehabt, die Republik langfristig zu retten. Es sei denn, es wäre ihm gelungen, wie wir noch im nächsten Kapitel sehen werden, den durch ihn eingeführten Institutionen eine sakrale Aura zu verleihen, so daß die Menschen sich nicht getraut hätten, daran zu rütteln. Aber haben verdorbene Menschen überhaupt noch Respekt vor der Sakralität der Institutionen? Und lassen sich zivilisierte Menschen – ob verdorben oder nicht – noch durch einen religiösen Diskurs manipulieren? Der Dominikanermönch Savonarola versuchte dies in Florenz zu tun.

6. Die Reform der schlechtgeordneten Republik Florenz: Unbewaffnete und bewaffnete Propheten

Machiavellis *Discorsi* sind nicht das Werk eines reinen Historikers, dem es nur um die wissenschaftliche Wahrheit in der Beschreibung der römischen Zustände geht. Das republikanische Rom – oder das idealisierte Bild, das sich Machiavelli von ihm macht – bildet die Folie, vor deren Hintergrund der Leidensweg der schlechtgeordneten Republik Florenz sich abspielt. Machiavelli will nicht den seit langer Zeit verstorbenen Römern beibringen, wie sie ihre Republik hätten bewahren können, sondern er will seinen florentinischen Zeitgenossen zeigen, daß sie ihre Verfassung neu gestalten sollen und wie sie bei dieser Neugestaltung vorgehen müssen. Auch in Florenz sollen die Konflikte zwischen dem Volk und den Adligen anders als über den Weg der privaten Gewalt und der Herbeirufung fremder Mächte beigelegt werden.

Machiavelli war nicht der einzige, der zu jener Zeit an eine Reform von Florenz dachte. Kaum zwanzig Jahre bevor Machiavelli den *Principe* und die *Discorsi* schrieb, hatte der Dominikanermönch Girolamo Savonarola seine Reformvorschläge im *Trattato sul governo della città di Firenze* vorgelegt.[3] Auf der Welle der republikanischen Tradition Florenz' schwimmend, tritt Savonarola für eine demokratische Gestaltung der politischen Institutionen ein – wobei allerdings betont werden muß, daß die Demokratie vor den untersten Schichten der Bevölkerung haltmacht. Wichtiger als die institutionellen Details seines Modells sind die vier Prinzipien, die er den Bürgern von Florenz ans Herz legt. Sie sollen erstens gottesfürchtig leben. Zweitens sollen sie das Gemeinwohl verfolgen, vor allem dann, wenn sie öffentliche Ämter bekleiden. Drittens sollen sie sich gegenseitig respektieren und den Willen zeigen, miteinander in Frieden zu leben. Und das heißt u.a., daß sie sich vom Haß befreien sollen, den sie gegenüber ihren Mitbürgern hegen und daß sie die Verletzungen vergessen sollen, welche ihre Mitbürger ihnen beigefügt haben. Und als vierten Punkt rät Savonarola seinen Mitbürgern, den Willen zur Gerechtigkeit zu haben.

Interessant ist bei dieser Aufzählung, daß Savonarola bei den Punkten zwei und drei die Römer erwähnt. So heißt es etwa beim zweiten Punkt, Gott habe den Römern erlaubt, ihre Macht zu vergrößern, weil sie sich dem Gemeinwohl widmeten. Und ähnlich beim dritten Punkt: Wenn auch nicht aufgrund einer übernatürlichen *caritas*, so hielten die Römer doch Frieden unter sich, geleitet durch eine natürliche Menschenliebe. Wenn nun Gott den nicht christlichen Römern beigestanden hat, um wieviel mehr wird er den gläubigen Florentinern beistehen, wenn sie die Tugenden entwickeln, für die man die Römer loben kann.

Im *Compendio di rivelazioni* wird die Rolle Gottes noch stärker hervorgehoben. Die vier eben erwähnten Prinzipien – wobei allerdings das vierte nicht mehr die Gerechtigkeit, sondern die Einrichtung eines Großen Rates nach dem Modell Venedigs verlangt – werden als von Gott gewollt dargestellt. Weiter heißt es, Gott werde dafür sorgen, daß die Florentiner diese Prinzipien akzeptieren. Wenn die Menschen also nur das Gute wollen und sich in ihren Herzen dazu bekehren, wird Gott ihr Handeln unterstützen und ihm den gewünschten Erfolg bereiten.

Wie schon oben angedeutet, gehen die Reformvorschläge Savonarolas ganz deutlich in Richtung Volksstaat (stato popolare) hin. Diese Regierungsform, so der Mönch, ist zwar absolut gesehen nicht die beste – als Treuer Anhänger des Aquinaten ist auch Savonarola der Auffassung, daß die Monarchie die an sich beste Regierungsform ist –, aber relativ gesehen ist sie die beste, denn sie ist nämlich die einzige, die der streitsüchtigen und an die republikanische Freiheit gewohnten Natur der Florentiner angemessen ist.

Die politischen Institutionen sind allerdings nicht das letzte Fundament des Wohlergehens eines Gemeinwesens. Im *Trattato* stellt Savonarola eine Kette auf, die bei den guten Gottesdienern anfängt und bei der Unterstützung Gottes aufhört: Gute Gottesdiener sorgen dafür, daß die Menschen an die richtige Religion glauben. Der Glaube an die richtige Religion macht die Menschen gut. Wo die Menschen gut sind, ist auch die Regierung gut. Und wo die Regierung gut ist, kann das Gemeinwesen mit Gottes Unterstützung rechnen. In einem solchen Gemeinwesen wird die Einheit herrschen, und der Ehrgeiz wird verschwunden sein.

Das Schicksal Savonarolas ist bekannt. Kann er gleich nach der Verjagung der Medici im Jahre 1494 die Gunst der Stunde nutzen und seine zumindest moralische Autorität in Florenz durchsetzen, so wird sein Fall ab Anfang 1498 unaufhaltsam. Am 23. Mai 1498 werden er und zwei seiner Glaubensbrüder auf der Piazza della Signoria verbrannt. Ist es ihm auch während seiner Hauptwirkungszeit (1494–1498) zum Teil gelungen, die Konflikte innerhalb von Florenz zu zivilisieren, so ist er am Ende selbst zum Opfer der Gewalt geworden.

Hervorzuheben ist in diesem Zusammenhang das am 19. März 1495 verabschiedete Amnestiegesetz. Durch Annahme dieses Gesetzes erklärte Florenz, auf juristische Schritte gegen diejenigen zu verzichten, die der Herrschaft der Medici zu Dienst gestanden hatten. Florenz sollte wieder die Einheit finden, und der Haß der unter den Medici Verbannten sollte sich legen. Man kann darüber spekulieren, was geschehen wäre, wenn das Gesetz nicht angenommen worden wäre und wenn die Vergeltungsgelüste freien Lauf gehabt hätten. Ein blutiger Bürgerkrieg wäre sicherlich nicht ausgeschlossen gewesen, war doch der Haß auf die Anhänger der Medici sehr groß. Indem er, in der Sprache Machiavellis ausgedrückt, ganz gut war – und die Menschen dazu auffordern wollte, auch ganz gut zu sein und die ihnen zugefügten Verletzungen zu vergessen –, hat Savonarola also möglicherweise einen Bürgerkrieg verhindert. Es war dies übrigens das zweite Mal, daß Savonarola Florenz rettete. Schon einige Monate vorher, im November 1494, hatte sein dezidiertes Auftreten vor dem König Karl VIII. verhindert, daß die französischen Truppen Florenz plünderten.

Im selben Jahre als Savonarola hingerichtet wurde, trat Machiavelli der florentinischen Verwaltung bei und begann somit, am politischen Leben seiner Heimatstadt teilzunehmen. Als engagierter Mensch konnte ihm das Schicksal des reformistischen Mönches nicht gleichgültig sein, und auch wenn Savonarola nur relativ selten – ein knappes Dutzend Mal – namentlich in seinen Schriften erwähnt wird, so lohnt es sich doch, kurz auf Machiavellis Urteil über den Dominikanermönch einzugehen.

Am ausführlichsten befaßt Machiavelli sich mit Savonarola in einem an Ricciardo Becchi gerichteten Brief vom 9. März 1498. In diesem Brief faßt Machiavelli zunächst einige der Predigten Savonarolas zusammen. Am Schluß des Briefes bezieht er aber auch Stellung zur Strategie des Mönches sowie zum Wahrheitsgehalt und zur Ehrlichkeit seiner Predigten: „Aber nachdem die Signoria dem Papst zu seinen [scil. Savonarolas N.C.] Gunsten geschrieben hatte, sah er, daß er keine Angst mehr vor seinen Feinden in Florenz zu haben brauchte. Wo er zuvor nur versuchte, seine eigenen Leute zusammenzuhalten und seine Gegner zu hassen und sie als Tyrannen zu verschmähen, sah er jetzt ein, daß dies nicht mehr nötig war, und so hat er das Mäntelchen gewechselt und wendet sich denen zu, die für das Fürstentum waren (quegli all'unione principiata). Er sprach nicht mehr von Tyrannen und von ihren Untaten und versuchte, sie alle vom Papst zu entfremden und gegen ihn seine Angriffe zu richten. Was ein Mensch an Schlimmstem sagen kann, sagt er; und so, das ist meine Einschätzung, paßt er sich der Zeit an und versteckt seine Lügen" (TO: 1011).

Savonarola erscheint hier als ein Lügner und Opportunist, als ein Mensch, der die Partei der Mediceer zunächst in Grund und Boden verdammt hatte, dann aber versucht, sie auf seine Seite im Kampf gegen den Papst zu bringen. Denn Savonarola will nicht nur Florenz vor einer Rückkehr der Medici bewahren, sondern gleichzeitig die Kirche reformieren. Florenz erscheint ihm dabei als Speerspitze dieser Reform. Aber diese kann nur erfolgreich in einem gegen Rom geeinten Florenz durchgeführt werden. Er will also so viele Kräfte wie nur möglich hinter sich vereinigen, mögen es nun Anhänger der Medici sein oder nicht.

Im ersten ‚Decennale' weist Machiavelli allerdings darauf hin, daß, anstatt Florenz zu vereinigen, Savonarola es eigentlich nur wieder erneut entzweit hat. Es war die Schule „jenes großen Savonarola, / der durch eine göttliche Kraft beseelt, / Euch durch seine Worte gefangen hielt; / aber da viele fürchten den Untergang / nach und nach ihrer Heimat zu sehen / wegen seiner prophetischen Lehre, / fand sich kein Ort, um Euch zu vereinigen, / wenn sich nicht vergrößerte oder wenn nicht erlosch / sein himmlisches Licht mit größerem Feuer"

(TO: 943). Der „gran Savonarola" endete auf dem Scheiterhaufen, da es ihm nicht gelungen war, eine wirkliche und tiefe Einheit in Florenz einzuführen. Im Brief an Becchi macht Machiavelli auf zwei Eigenheiten Savonarolas aufmerksam: sich der Zeit anpassen und seine Lügen verstecken. Es sind dies zwei Formen der Schlauheit, also jener Eigenschaft, die dem Fuchsen zukommt. Daß Machiavelli der Schlauheit Savonarolas Tribut zollt, geht aus einigen Stellen seiner Schriften hervor. So in einem Brief an Francesco Guicciardini vom 17. Mai 1521, in dem er sagt, er möchte einen Prediger finden, der verrückter als der Ponzo, schlauer (versuto) als Bruder Girolamo und scheinheiliger als Bruder Alberto ist (TO: 1203). In den *Discorsi* hebt Machiavelli des weiteren hervor, daß es im Prinzip einfach ist, einem noch ungebildeten Volk eine neue Ordnung aufzulegen, indem man diese auf Gott zurückführt und ihr so ein sakrales Mäntelchen umhängt, daß es aber nicht unmöglich ist, dies auch bei einem schon gebildeten Volk zu erreichen. Als Beispiel gibt er dann Savonarola an, dem es gelang, die Florentiner davon zu überzeugen, daß er mit Gott sprach und daß seine Prophezeiungen demnach eine höhere Autorität besaßen. Und Machiavelli fügt dann hinzu: „Ich will nicht darüber urteilen, ob dies stimmte oder nicht [scil. daß er mit Gott sprach N.C.], denn von einem solchen Menschen soll man nicht anders als mit Achtung sprechen: aber ich muß doch betonen, daß unzählige Menschen ihm glaubten, ohne auch nur ein außergewöhnliches Ereignis gesehen zu haben, das diesen Glauben hätte bestärken können; denn sein Leben, seine Lehre und der Gegenstand, über den er sprach, genügten, damit man ihm glaubte" (D I, 11: 94-95). Machiavelli urteilt nicht, aber die zwischen den Zeilen herauszulesende Ironie verrät alles: Savonarola sprach in Wirklichkeit nicht mit Gott, aber er war schlau genug, um seinen Mitbürgern den Glauben einzuflößen, er spräche mit Ihm. Savonarola wußte die Gunst der Stunde, und das heißt die mit der Verjagung der Medici einsetzende institutionelle Unsicherheit, auszunutzen.

Aber wie wir wissen, scheiterte Savonarola dennoch. Und die Hauptursache dieses Scheiterns wird von Machiavelli an einer berühmten Stelle des *Principe* angegeben: „Hieraus ergab sich, daß alle bewaffneten Propheten siegten und die unbewaffneten zugrunde gingen. Denn außer dem schon Gesagten, ist die Natur der Völker verschiedenartig; und es ist leicht, sie von etwas zu überzeugen, aber schwierig, sie bei dieser Überzeugung zu halten; und deshalb ist es angebracht, die Dinge so zu ordnen, daß, wenn sie nicht mehr glauben, man sie zwingen kann zu glauben" (P VI, 265). Und Savonarola wird dann als Paradigma eines unbewaffneten Propheten vorgestellt und den bewaffneten ‚Propheten' Moses, Kyros, Teseus und Romulus gegenübergestellt. Diesen ist es gelungen, ihre Völker neu oder überhaupt zu ordnen. Savonarola ist es nicht gelungen.

Mag auch der unbewaffnete Prophet schlau wie der Fuchs sein, so kann er doch keine dauerhafte Macht und keine dauerhaften Institutionen etablieren, wenn er nicht auch über die Stärke des Löwen verfügt bzw. auf jemanden zählen kann, der über diese Stärke verfügt. Wer demnach eine gesetzliche Ordnung herstellen oder wieder herstellen will, muß zugleich Fuchs und Löwe sein – aber auch Mensch. Savonarola war Fuchs und Mensch: Er hat die Menschen dazu gebracht, die erlittenen Verletzungen zu vergessen und einander zu verzeihen. Er hätte auch zum anderen Extrem greifen und alle Anhänger der Medici hinrichten lassen können. Soweit hat er als Mensch gehandelt. Er gründete seine Macht auf Gott und konnte seine Mitmenschen dazu bringen, daran zu glauben. Soweit hat er als Fuchs gehandelt.

Cosimo dei Medici soll einmal gesagt haben, man könne ein Gemeinwesen nicht mit Vaterunsern regieren. In seinen *Prediche sopra Aggeo* wird Savonarola diesen Spruch aufgreifen. Ein solcher Spruch, so der Prediger, kann nur aus dem Munde eines verrückten oder bösen Menschen stammen. In Wirklichkeit lassen sich die wirklich christlichen Staaten durch Gebete und gute Handlungen regieren. Waffen sind dazu nicht nötig. Für Machiavelli ist Savonarola ein Beispiel dafür, daß die Vaterunser allein nicht genügen, um eine neue institutionelle Ordnung durchzusetzen.

7. Schlußbemerkung

In diesem zweiten Kapitel ging es uns darum, den Menschen als ein soziales Wesen zu betrachten und die im ersten Kapitel angedeuteten interindividuellen Konflikte in soziale Konflikte übergehen zu lassen. Insofern Machiavelli die Persistenz sozialer Konflikte in jedem Gemeinwesen behauptet – es sei denn, drastische, ihre Macht immer wieder behauptende Gesetze hätten von Anfang an dafür gesorgt, daß es nicht zu sozialen Ungleichheiten kommt–, ist er auch noch ein Ansprechpartner für uns. Denn auch wir müssen mit dem Phänomen des sozialen Konfliktes auskommen, und es ist davon auszugehen, daß diese Konflikte in Zukunft eher noch zu- als abnehmen werden.

Wenn etwas den Hintergrund der modernen politischen Philosophie bildet, dann ist es sicherlich die grundlegende Konfliktualität des gesellschaftlichen Seins. Nicht als ob das klassische politische Denken die Dimension des Konfliktes ganz und gar ignoriert hätte. Aber das klassische Denken setzte die Existenz und dann vor allem auch die Erkennbarkeit eines absoluten Maßstabs voraus, an dem die ebenso absolute Gerechtigkeit einer Lösung des Konfliktes gemessen werden konnte. Dieser Maßstab war selbst nicht Gegenstand eines Konfliktes und durfte es auch nicht werden.

Die Moderne hat nun aber dieses Verbot gebrochen. Übrig geblieben sind Menschen, die sich streiten, die einen aus reinem Ehrgeiz, die anderen, weil sie sich gegen die Ehrgeizigen verteidigen müssen. Eine von allen anerkannte und sie transzendierende normative Ordnung gibt es nicht mehr bzw. geht man bei der Lösung sozialer Konflikte nicht mehr von einer solchen Ordnung aus. Der Glaube an eine solche Ordnung sollte sich auf die Privatsphäre beschränken, nicht aber als eine Voraussetzung der Politik angesehen werden.

Unter diesen Umständen ist es wichtig, nach Möglichkeiten der Hegung der Konflikte zu suchen. Schlimm ist nicht, daß Menschen sich untereinander streiten, wohl aber, daß dieser Streit in Gewalt ausartet. In seinem idealisierten Bild der römischen Republik hat Machiavelli der Moderne das Bild eines Gemeinwesens überlassen, das in der Lage war, die sozialen Konflikte zu hegen und gleichzeitig die Freiheit und Sicherheit der schlechter Gestellten zu fördern. Sobald die Konflikte aber ausarteten, ging die Republik zugrunde und der Weg war frei für die Macht der Cäsaren. Machiavelli hat uns aber gezeigt, wo der Wurm stecken kann. Im Falle Roms gab es gleich mehrere schwache Stellen: die Bereicherung der Privatpersonen, die übermäßige Verlängerung der Ämter, das Fehlen einer periodischen Rückkehr zu den Prinzipien...

Was, wenn es dem Begründer eines Gemeinwesen gelänge, alle möglichen Gefahren für das Gemeinwesen vorauszusehen und dann die Gesetze im Hinblick auf diese Gefahren zu gestalten? Hätte er nicht die Möglichkeit, ein dauerhaftes Gemeinwesen zu etablieren? Wenn die Institutionen sich selbst aufrechterhalten würden, ja. Aber Institutionen sind leblos, wenn es nicht Menschen gibt, die sie aufrechterhalten. Institutionen können nun zwar dazu beitragen, solche Menschen zu schaffen, die sie aufrechterhalten. Aber einen Automatismus gibt es hier nicht und zumal dann nicht, wenn man wie Machiavelli davon ausgeht, daß die menschliche Natur kein unbeschriebenes Blatt ist, sondern in sich den Ehrgeiz als Todeskeim eines jeden *vivere civile* enthält. Insofern wird auch der *principe nuovo*, von dem im nächsten Kapitel die Rede sein soll, stets damit rechnen müssen, daß das, was er errichtet hat, eines Tages zugrunde gehen wird.

III. Der ordnende Fürst

Einleitung

In der langen Geschichte der politischen Philosophie gibt es kaum ein Buch – außer vielleicht den *Leviathan* des Thomas Hobbes –, das seinem Autor einen derart schlechten Ruf eingebracht hat, wie dies für Machiavellis *Principe* der Fall ist. Geschrieben wurde das kurze Traktat in der zweiten Hälfte des Jahres 1513, als Machiavelli sich in sein ländliches Exil zurückgezogen hatte. In einem Brief vom 10. Dezember 1513 teilt Machiavelli seinem Freund Vettori mit, er habe soeben ein kleines Traktat fertiggestellt, das den Titel *De principatibus* tragen soll und in dem beschrieben wird, was ein Fürstentum ist, welche Arten von Fürstentümern es gibt, wie man sie erwerben, wie man sie erhalten und wie man sie verlieren kann. Dieses Traktat, so Machiavelli weiter, müßte einem Fürsten, und besonders einem neuen Fürsten, gelegen sein (TO: 1160).

Beschränkt man sich auf diese kurze Angabe der Themen, die im Traktat behandelt werden, so wird man es kaum von den gängigen Fürstenspiegeln des Mittelalters unterscheiden können. In diesem damals sehr populären Genre wurde dem Fürsten ein Modell vorgehalten, nach dem er sein Handeln ausrichten sollte. Güte, Gerechtigkeit, Gottesfürchtigkeit waren nur einige der Tugenden, die zu besitzen man dem Fürsten ans Herz legte. Diese Tugenden sollten sowohl ihm wie seinen Untertanen zugute kommen: Seinen Untertanen, indem sie nicht leiden mußten, und ihm, indem er dadurch die Liebe seiner Untertanen und dann vor allem auch die Liebe Gottes erwerben konnte.

In ihrem *Livre des faits et bonnes moeurs du roi Charles V le sage* definiert Christine de Pizan (um 1365 – um 1430) die Kunst der Politik als die höchste aller Künste und bestimmt sie wie folgt: „[S]ie lehrt die Menschen, sich selbst, ihre Familien und ihre Diener zu regieren, alle Dinge gemäß einer gerechten und angemessenen Ordnung (ordre juste et approprié) zu verwalten; sie lehrt auch noch die Kunst und die Art und Weise, die Königtümer und Reiche und alle Völker und Nationen zu regieren, in Zeiten des Friedens und in Zeiten des Krieges, unter ruhigen wie unter widerlichen Verhältnissen; sie lehrt, den Reichtum und die Einnahmen durch gerechte Steuern zu vergrößern, Geld, Güter und Einnahmen zu verteilen."[1]

Es ist davon auszugehen, daß Christine den Hinweis auf die der gerechten und angemessenen Ordnung gemäße Verwaltung nicht nur auf die häusliche Sphäre – die Sphäre der häuslichen Ökonomie – beschränkt wissen will, sondern daß auch eine Verwaltung öffentlicher Angelegenheiten diese Merkmale besitzen sollte. Die Frage ist nur, ob die Politik immer gerecht sein kann. Oder andersherum gefragt: Geht es der Politik in erster Linie darum, die Normen der Gerechtigkeit und der Moral zu respektieren, oder geht es ihr in erster Linie darum, die Bedingungen der Möglichkeit einer allgemein zumutbaren Befolgung der Normen der Gerechtigkeit und der Moral herzustellen oder zu bewahren? Kann die Politik das Recht und die Moral mißachten, damit Recht und Moral (wieder) beachtet werden können, oder ist die Politik derart an die Normen des Rechts und der Moral gebunden, daß sie diese Normen auch dann beachten muß, wenn eine solche Beachtung zum Untergang des Gemeinwesens – als gehegter Ort, in dem die Beachtung der Normen der Moral und des Rechts zumutbar werden – führt?

Stellt man die Frage unter dieser Form, so sieht man, daß es hier nicht darum geht, ob es in der Politik um Macht oder um Moral gehen soll, so als ob man vor der Alternative stünde, zwischen einer teuflischen Machtpolitik und einer engelhaften Gerechtigkeitspolitik zu wählen. In einer sowieso durch Macht geprägten Welt kommt die Politik nicht daran vorbei, auch Machtpolitik zu sein. Nur darf sie nicht bloße Machtpolitik sein. Die Macht darf nicht Selbstzweck sein, sondern nur Mittel.

Wenn es auch stimmt, daß Machiavelli mit dem *Principe* die Tradition der Fürstenspiegel auf den Kopf stellt, so muß doch hinzugefügt werden, daß die eigentliche Aufgabe des Fürsten darin besteht, Bedingungen herzustellen, in denen die in den Fürstenspiegeln aufgestellten Ideale Wirklichkeit werden können, ohne den Untergang des Gemeinwesens zu riskieren. Der Fürst kann nur dort dem Ideal entsprechen, wo die soziale Wirklichkeit ihm die Möglichkeit dazu gibt. Man sollte also nicht sagen, daß Machiavelli den idealen Fürsten der Fürstenspiegel radikal verwirft. Vielmehr macht er aus diesem Ideal, was es eigentlich sein soll: eine Idee, der man sich zwar nähern kann und soll, die aber unter den nicht-idealen Bedingungen der Wirklichkeit niemals vollständig verwirklicht werden kann.

In diesem dritten und letzten Kapitel unserer Einführung wollen wir zunächst kurz die Machiavellische Typologisierung der verschiedenen Arten von Fürstentümern darstellen. Daran anschließend werden wir uns besonders mit der Figur des *principe nuovo* befassen, um dann die Frage zu erörtern, ob der Machiavellische Fürst wirklich ein Tyrann ist oder sein muß. Auf zwei Mittel – die Religion und die Waffen –, deren sich der Fürst bedienen kann, soll im vierten Teil des Kapitels eingegangen werden. Der fünfte Teil wirft die Frage auf, ob und inwiefern der Mensch seine Projekte – und also auch der Fürst seine Neuordnungsprojekte – verwirklichen kann, wobei auf die Fortuna und die *virtù* einzugehen sein wird. Der sechste Teil greift dann die Frage auf, ob man eher dem Heil des Gemeinwesens oder dem eigenen Seelenheil den Vorrang geben soll.

1. Die Arten von Fürstentümern

Auch wenn er an einigen Stellen die klassische Einteilung der Regierungsformen in drei gute und drei schlechte Regierungsformen – bzw. zwei schlechte, wenn eine entartete Volksherrschaft sich in die gesetzlose und herrschaftslose Anarchie verwandelt – übernimmt, so geht Machiavelli doch gewöhnlich von der fundamentalen Unterscheidung zwischen der Republik und dem Fürstentum aus – wie es dann später auch Montesquieu tun wird. So heißt es gleich zu Beginn des *Principe*, alle Herrschaftsordnungen von Menschen über Menschen seien „o republiche o principati" – entweder Republiken oder Fürstentümer (P I: 258).

Im zweiten Kapitel des *Principe* weist Machiavelli darauf hin, er habe die Republiken schon anderweitig ausgiebig behandelt und werde sich deshalb in seinem Traktat nur mit den Fürstentümern beschäftigen. Einige Interpreten vermuten, daß Machiavelli hier auf ein eigenständiges, aber heute leider verlorenes Traktat über die Republiken hinweist. Möglich ist aber auch, daß er hier auf die *Discorsi* hinweisen möchte. Schließlich hat Machiavelli ab dem Frühsommer 1513 gleichzeitig am *Principe* und an den *Discorsi* gearbeitet.

Die Hinsichten, in denen Machiavelli die Fürstentümer voneinander unterscheidet, sind vielartig. Eine Grundunterscheidung betrifft die Art und Weise, wie der Fürst seine Macht erlangt hat. Hier unterscheidet Machiavelli zwischen erblichen und neuen Fürstentümern. In einem erblichen Fürstentum kann jeder Fürst sich auf die Macht einer Tradition stützen: Er ist Teil einer gegebenen Ordnung, und dies allein verleiht ihm Legitimität und begründet den Gehorsam seiner Untertanen ihm gegenüber. Insofern kann Machiavelli behaupten, erbliche Fürstentümer seien im allgemeinen leicht zu bewahren, sofern man davon absieht, die gegebene Ordnung anzutasten. Im vorigen Kapitel hatten wir aber gesehen, daß erbliche Fürstentümer der Gefahr ausgesetzt sind, daß der Thronfolger extrem ungerecht ist. Diese Gefahr wird auch im *Principe* erwähnt, wiewohl nur indirekt: „Denn der natürliche Fürst hat weniger Gründe, und es ist für ihn weniger notwendig, zu verletzen; so daß es sich paßt, daß er geliebt wird; und wenn außergewöhnliche Laster nicht den Haß auf ihn lenken, ist es vernünftig anzunehmen (ragionevole), daß seine Untertanen ihm Gutes wollen" (P II: 258). Wenn die Menschen immer nur nach Gründen handeln würden, dann könnte man vieles vernünftigerweise annehmen. Aber die Menschen handeln nicht immer nach Gründen und ein erblicher Fürst kann derart ehrgeizig sein, daß die als vernünftig dargestellte Annahme nicht immer mit der Wirklichkeit übereinstimmen muß.

In einem erblichen Fürstentum kann allerdings vorgesorgt werden. In diesem Zusammenhang ist das französische Königreich zu erwähnen. In den *Discorsi*, die gewöhnlich als Lobeshymne auf die freien Republiken gedeutet werden, findet sich folgende Beschreibung der französischen Monarchie: „Ein Beispiel hierfür ist das Königreich Frankreichs, das aus keinem anderen Grund in Sicherheit lebt, als daß sich jene

Könige unzähligen Gesetzen unterworfen haben, aus denen die Sicherheit aller seiner Untertanen (popoli) fließt. Und wer diesen Staat (stato) einrichtete, wollte, daß jene Könige nach ihrem Belieben über die Waffen und das Geld verfügten, aber sich in allem übrigen an das Gesetz zu halten hatten, wenn sie etwas ändern wollten" (D I, 16: 101). Wenn man also verhindern will, daß ein erblicher Fürst Unheil anstiftet, sollte man ihn an das Gesetz binden. Darüberhinaus sollte man ihm auch, wie dies in Frankreich der Fall ist, institutionalisierte Gewalten entgegenstellen, die sich ihm in allem widersetzen können, was nicht mit der Kriegsführung oder der Besteuerung zu tun hat. Ein nicht dem Gesetz unterworfener Fürst ist verrückt (D I, 58: 142).

Der erbliche Fürst befindet sich in einer geradezu beneidenswerten Lage: Sofern es ihm gelingt, nicht aus *ambizione* böse zu sein – die von Machiavelli erwähnten außergewöhnlichen Laster –, braucht er nicht oder zumindest kaum aus Notwendigkeit böse zu sein. Im Prinzip wird niemand daran denken, ihm seine Macht streitig zu machen, so daß er es nicht nötig hat, das Machtstreben einiger seiner Untertanen mit gewaltsamen Mitteln zu unterbinden. Auch kann er immer dankbar sein, was verhindert, daß seine Untertanen, die Ruhm erlangen, sich vor ihm fürchten oder ihn hassen. Unter diesen Umständen versteht man den von Machiavelli an den neuen Fürsten gerichteten Ratschlag, alles in die Wege zu leiten, damit seine Herrschaft als durch die Dauer geheiligt erscheint (P XXIV: 294). Was für die Menschen zählt – und das ist eine der Grundthesen des *Principe* –, ist das Erscheinen: Wenn die Macht des Fürsten als durch die Dauer legitimiert *erscheint*, dann werden sich seine Untertanen ihm gegenüber so verhalten, als ob seine Macht tatsächlich durch die Dauer legitimiert wäre. Was zählt, ist nicht der absolute Wahrheitscharakter der Erscheinung, sondern ihre Wirksamkeit – die *verità effettuale*.

Im Gegensatz zu den erblichen Fürsten haben es die neuen Fürsten schwer, ihre Macht zu festigen. Dabei unterscheidet Machiavelli zwischen verschiedenen Unterarten von neuen Fürstentümern. Ein erster Unterschied betrifft die Situation, die der Gründung des neuen Fürstentums vorherging. Hier sind zwei Möglichkeiten gegeben: Entweder vereinigt ein Fürst

Menschen, die vorher keiner politischen Autorität unterstanden – und die entweder noch niemals einer solchen Autorität unterstanden haben oder einer solchen unterstanden, aber dann wieder in einen Zustand der Willkür fielen –, oder aber er ergreift die Macht über Menschen, die schon Mitglied eines politisch verfaßten Gemeinwesens waren. Und hier sind wiederum zwei Möglichkeiten gegeben: Entweder lebten diese Menschen in einer Republik, oder aber sie lebten in einem Fürstentum. Wir hätten also einerseits den Fall einer absoluten Neugründung und andererseits den Fall eines Wechsels der Herrschaftsform – von der Republik zum Fürstentum – oder denjenigen des Wechsels des Herrschaftsträgers – vom Fürsten X zum Fürsten Y.

Ein weiterer Gesichtspunkt, den Machiavelli berücksichtigt, betrifft die Mittel, mit denen der Fürst seine Macht erlangt hat. Die Übernahme der Macht kann entweder der Fortuna oder der *virtù*, sprich der eigenen Kraft des Fürsten zu verdanken sein. Auf diese Gegenüberstellung von Fortuna und *virtù* wird noch weiter unten zurückzukommen sein. Doch ob Fortuna oder *virtù* der Machtergreifung Pate gestanden haben, der neue Fürst braucht ein Heer, und dieses kann entweder aus eigenen Soldaten bestehen oder ein Söldnerheer sein, wodurch ein neuer Unterschied formuliert wäre.

Ein anderer wichtiger Unterschied betrifft die Art und Weise, wie der Fürst seine Macht erlangt hat. Machiavelli unterscheidet nämlich zwischen Fürsten, die man sozusagen darum gebeten hat, die Macht zu übernehmen, und solchen, die die Macht über ein Gemeinwesen einfach an sich gerissen haben, mittels Gewalt und durch Schurkereien (sceleratezze). Im ersten Fall spricht Machiavelli von einem *principato civile*: „Aber wenden wir uns der anderen Seite zu: Wenn ein privater Bürger nicht durch Schurkereien oder andere unzulässige (intollerabile) Gewalt, sondern mit dem Wohlwollen seiner Mitbürger zum Fürsten seiner Heimat wird (man wird dann von einem *principato civile* sprechen können [...]), dann, so behaupte ich, erlangt man diese fürstliche Macht entweder durch das Wohlwollen des Volkes oder durch dasjenige der Großen" (P IX: 271).

Hier haben wir es also mit dem Fürsten als institutionelles Mittel zur Lösung des in unserem zweiten Kapitel dargestellten Problems des sozialen Konflikts zu tun. Wenn die Großen oder das Volk in einer Republik glauben, die *ambizione* der anderen Seite nicht mehr auf gesetzlichem Wege bremsen zu können, dann wird entweder auf die private Gewalt zurückgegriffen, oder man vertraut sein Heil einem Fürsten an, der dafür Sorge zu tragen hat, daß die andere Partei ihren Ehrgeiz bremst. Aber ob der Fürst nun durch das Wohlwollen der Großen oder durch dasjenige des Volkes an die Macht kam, so muß er alles tun, um sich das Volk nicht zu entfremden. Das Volk, so Machiavelli, ist ein gutes Fundament der fürstlichen Macht. Solange der Fürst das Volk auf seiner Seite hat, kann er sich vor den Angriffen der Großen schützen. Dementsprechend sollte der Fürst also eher das Volk als die Großen schonen.

In einem eigenen Kapitel erwähnt Machiavelli die kirchlichen Fürstentümer (principati ecclesiastici). Diese Fürstentümer beruhen auf der Religion, und von ihren Fürsten meint Machiavelli – und die Vermutung, daß es sich hier um Ironie handelt, hat vieles, das für sie spricht: „Nur diese allein haben Staaten (stati), und verteidigen sie nicht; Untertanen, und regieren sie nicht: Und die Staaten, obwohl unverteidigt, werden ihnen nicht weggenommen; und die Untertanen, auch wenn sie nicht regiert werden, kümmern sich nicht darum und denken nicht daran, sich von ihnen zu entfremden, noch können sie es. So sind nur diese Fürstentümer sicher und glücklich. Aber da sie auf einer überweltlichen Ordnung beruhen, welche dem menschlichen Geist unzugänglich ist, werde ich nicht darüber sprechen [...]" (P XI: 273-74).

In diesen kirchlichen Fürstentümern ist der grundlegende Skandal der Politik, also die Notwendigkeit, böse sein zu müssen, um der Übermacht des Bösen Einhalt zu gebieten, verschwunden. Man denke hier an die im ersten Kapitel dieses Buches zitierte Schlußzeile des Gedichtes ‚Dell'ambizione'. Dort hatte Machiavelli zwei Möglichkeiten angegeben, um den Ehrgeiz unschädlich zu halten: Durch Gesetze, die ihn in zivilisierte Bahnen lenken, oder durch die göttliche Gnade, welche ihn aus der menschlichen Brust entfernt. Die Gesetze behandeln, wenn man so sagen kann, nur die Symptome, lassen aber die Wurzel aller sozialen Übel – also die *ambizione* – bestehen. Die Zivilisierung des Ehrgeizes hat somit immer nur provisorischen Charakter, da der Ehrgeiz sich prinzipiell wieder von den ihn beschränkenden Gesetzen emanzipieren kann. Wenn man nun aber von der zweiten Möglichkeit ausgeht, also von einem göttlichen Eingriff, so scheint der Ehrgeiz ganz aus der menschlichen Brust entfernt werden zu können. Und dies scheint in den kirchlichen Fürstentümern der Fall zu sein: Hier läuft sozusagen alles von selbst. Wie dies möglich ist, bleibt dem nicht in die göttlichen Geheimnisse eingeweihten Machiavelli verborgen, weshalb er es sein läßt, von diesen Fürstentümern zu sprechen. Daß diese Bemerkungen über die kirchlichen Fürstentümer ironisch zu nehmen sind, geht schon aus der Tatsache hervor, daß Machiavelli das kirchliche Fürstentum Rom für die desolate Lage Italiens verantwortlich macht. Eindeutiger ist dann noch die Stelle aus den *Istorie*, in der Machiavelli behauptet, die Päpste seien nicht in der Lage, dauerhafte Fürstentümer zu errichten, da sie entweder keine Kinder haben, welche ihr Erbe antreten könnten, oder wenn sie Kinder haben, dann sind diese noch so jung im Augenblick des Todes, daß sie nicht von selbst das Fürstentum ihres Vaters aufrechterhalten können.

Vor dem Hintergrund dieser Unterscheidungen betrachtet Machiavelli zwei Fragen: 1) Welchen Einfluß hat die Natur eines Fürstentums auf die Schwierigkeit oder Leichtigkeit, es zu errichten? 2) Welchen Einfluß hat die Natur eines Fürstentums auf die Schwierigkeit oder Leichtigkeit, es zu erhalten? Dabei zeigt sich, daß die Notwendigkeit, böse sein zu müssen, um das Fürstentum zu errichten oder zu erhalten, in einigen Fällen weitaus geringer ist als in anderen. Wer etwa aus einer freien Republik ein Fürstentum machen will, der muß erheblich mehr auf Gewalt zurückgreifen als jemand, der ein Fürstentum erobern will, um sich dort selbst zum neuen Fürsten krönen zu lassen.

Den letzten Hintergrund dieser ganzen Diskussion bildet aber die Lage Italiens und Florenz': Wenn diese gerettet werden müssen und noch gerettet werden können, dann nur über den Weg eines neuen Fürsten.

2. Italien und Florenz als Gestaltungsaufgaben eines *principe nuovo*

Im Mittelpunkt des *Principe* steht die Figur des *principe nuovo*, d.h. desjenigen Fürsten, dessen Herrschaft ihm nicht durch die Erbfolge zukommt, sondern der sie neu zu erwerben hat, sei es, daß er ein Gemeinwesen errichtet, dort, wo der Naturzustand herrschte, oder daß er in einer Republik oder einem Fürstentum die Macht an sich reißt oder diese ihm übertragen wird – im letzten wird es sich um einen *principe civile* handeln.

Bei unserem Autor taucht die Problematik des *principe nuovo* vor einem lokalen und einem nationalen Hintergrund auf: Machiavelli ist Florentiner und Italiener. Als Florentiner ist er besorgt um die Situation in seiner Heimatstadt. Wie wir es im vorigen Kapitel gesehen haben, bedauert Machiavelli es zutiefst, daß es den Florentinern nicht gelingt, ihre Konflikte auf eine dem Menschen würdige Art und Weise auszutragen – also indem sie mit den Gesetzen kämpfen – und immer wieder auf Gewalt zurückgreifen, sei es in der Form von Verbannungen, Hinrichtungen usw. Dadurch entsteht immer von neuem Furcht und Haß, und die Spirale der Gewalt nimmt kein Ende. Als Italiener – wenn man diese Bezeichnung trotz Abwesenheit eines italienischen Nationalstaates zur Zeit Machiavellis gebrauchen darf – macht er sich Sorgen um die Zukunft jenes Gebietes, das sich von den Alpen bis nach Sizilien erstreckt und in dem die Anarchie zu herrschen scheint. Lorenzo dei Medici hatte es zum Teil fertiggebracht, blutige Kriege zwischen Florenz, Venedig, Mailand, Rom und dem Königreich Neapel weitgehend zu vermeiden, um der Diplomatie Platz zu machen. Dieses von Lorenzo hergestellte Gleichgewicht wird aber den Tod seines Autors im Jahre 1492 nicht überstehen.

Knapp zwei Jahre nach dem Tod Lorenzos fällt der französische König Karl VIII. in Italien ein. Es wäre nicht übertrieben zu sagen, daß dieser Einmarsch eine traumatische Wirkung auf viele damaligen Italiener gehabt hat, und sei es nur wegen der Folgen, die er haben sollte. In seinen *Storie fiorentine* gibt Francesco Guicciardini, der große Zeitgenosse Machiavellis, eine vielsagende Beschreibung der Konsequenzen dieses Einfalls: „Wegen dieses Einmarsches der Franzosen wurde jetzt alles wie durch einen plötzlichen Sturm durchgerüttelt, die Einheit Italiens zerbrach und zerriß, genauso wie die Gedanken und die Sorgfalt die jeder für die gemeinsamen Angelegenheiten hegte; so daß jeder, als er sah wie die Städte, die Herzogtümer und die Königreiche angegriffen und durcheinandergebracht wurden, innehielt und anfing, sich um seine eigenen Angelegenheiten zu kümmern und nicht daran dachte, sich zu mobilisieren, da es ja sein könnte, daß ein naher Brand oder die Zerstörung eines nahegelegenen Ortes auch seinen Staat in Brand setzt oder zerstört. [...] Und in der Tat, man fing an, die Staaten nicht mehr wie in der Vergangenheit am Schreibtisch und mit dem Schreibzeug zu erhalten, zu zerstören, zu geben und zu nehmen, sondern im Feldzug und mit den Waffen in der Hand."[2]

Diese Passage Guicciardinis kann mit der Passage Machiavellis in Verbindung gebracht werden, in welcher letzterer behauptet, es gäbe zwei Weisen, um zu kämpfen: mit den Gesetzen oder mit den Waffen. Diese Aussage Machiavellis bezog sich auf die innenpolitische Situation, d.h., genauer, auf den Konflikt zwischen den Großen und dem Volk, ein Konflikt, der entweder im Rahmen der die Gewalt zähmenden gesetzlichen Ordnung ausgetragen werden kann oder aber außerhalb dieses Rahmens. Verbleibt man im Rahmen dieser Ordnung, dann werden zwar Tumulte entstehen, aber diese werden nicht zu einer unkontrollierten und grenzenlosen Gewalt führen. Verläßt man aber den Rahmen, so wird es zum Bürgerkrieg mit all seinen Toten und mit all seinem Leid kommen.

Auf die außenpolitische oder vielleicht besser auf die gesamtitalienische Situation bezogen, in welcher nicht mehr soziale, sondern territoriale Akteure auftreten, ergibt dies, daß man Konflikte zwischen solchen Akteuren entweder mit der Diplomatie oder aber mit der unkontrollierten Gewalt beizulegen versuchen kann. Glaubt man Guicciardini, dann haben die italienischen Mächte bis zu Beginn der neunziger Jahre des XV. Jahrhunderts den diplomatischen Kampf vorgezogen: Das Schicksal der einzelnen Republiken, Königreiche usw. entschied sich nicht auf dem Schlachtfeld, sondern auf dem Schreibtisch. Es kam zwar durchaus zu Kriegen – wie etwa der Krieg zwischen Florenz und Rom in den Jahren 1478–80 oder zwischen Florenz, Mailand und Neapel einerseits und Ferrara und Venedig andererseits im Jahre 1482 –, aber diese Kriege forderten fast keine Toten und hatten so gut wie keinen Einfluß auf die Gesamtordnung Italiens. Machiavelli hat uns folgende Beschreibung einer damaligen Schlacht hinterlassen: „Und es hat nie Zeiten gegeben, in denen der Krieg, den man auf fremdem Territorium führte, weniger gefährlich für denjenigen war, der ihn führte, wie es für jene Zeiten der Fall war [Machiavelli spricht hier von der ersten Hälfte des XV. Jahrhunderts N.C.]. Und bei einer derartigen Niederlage und in einer derart langen Schlacht, die von zwanzig Uhr bis Mitternacht dauerte, starb niemand außer einem Mann; und dieser verschied nicht wegen ihm zugefügter Verletzungen oder wegen einer anderen Kriegstat, sondern weil er vom Pferd gefallen war und zertrampelt wurde: und die Menschen kämpften damals in einer derartigen Sicherheit, da sie alle auf Pferden waren und reichlich Waffen bei sich trugen und waren vor dem Tod gewiß, wenn sie sich ergaben; so daß es keinen Grund gab, warum sie sterben sollten, da sie im Kampf durch ihre Waffen geschützt wurden, und wenn sie nicht mehr kämpfen konnten, durch das Sich-Ergeben" (IF V, 33: 763).

Wir überlassen es dem Historiker, über die Wahrheit dieser Aussagen Machiavellis zu befinden. Wichtig für uns ist hier nur die Tatsache, daß der Autor der *Istorie* uns das Bild von Kriegen liefert, in denen es keine Notwendigkeit gibt, radikal böse zu sein. Da jeder, der kämpft, derart gut geschützt ist, daß er fast sicher sein kann, daß er nicht im Kampf sterben wird, und da jeder, der nicht mehr in der Lage ist zu kämpfen, sicher sein kann, daß er nicht getötet werden wird, wenn er sich ergibt, steht niemand vor der Notwendigkeit, mit allen Mitteln, also auch mit radikal bösen Mitteln, um sein Leben zu kämpfen. Wenn es, wie Machiavelli sagt, keinen Grund gab, warum sie sterben sollten, gab es auch keinen Grund, warum sie hätten radikal böse sein sollen.

Das alles änderte sich aber radikal mit dem Einmarsch der Franzosen im Jahre 1494. Von da an hören die Kriege auf, gehegt zu sein. Außerdem fällt die dieser Hegung zugrundeliegende Ordnung zusammen. Italien wird zum Schlachtfeld, auf dem sich die italienischen Mächte mit der Unterstützung fremder Mächte bekriegen. Aus dem relativ gehegten und von ausländischen Mächten größtenteils freien Italien des XV. Jahrhunderts ist ein Italien geworden, das „versklavter ist als die Hebräer, unterworfener als die Perser, auseinandergetriebener als die Athener; ohne Haupt, ohne Ordnung, geschlagen, beraubt, zerfetzt, von fremden Truppen durchzogen (corsa)" (P XXVI: 297). Es ist dieses Italien, welche der von Machiavelli herbeigewünschte *principe nuovo* von den „Barbaren", also von den fremden Truppen zu befreien hat. Als er den *Principe* schrieb, glaubte Machiavelli, daß ein solcher Italien neu- oder wiederordnende Fürst aus dem Haus der Medici hervorgehen konnte. Hatte er sein Traktat zunächst an Giuliano dei Medici gewidmet, mußte er die Widmung nach dessen Tod ändern. Neuer Adressat wird Lorenzo (1492–1519). Ihm wird in der berühmten, den *Principe* abschließenden „Exhortatio ad capessendam Italiam in libertatemque a barbaris vindicandam" – „Aufruf, sich Italien zu bemächtigen und es aus den Händen der Barbaren zu befreien" – die Rolle des Erlösers (redentore) zugeschrieben. Und auch wenn die Italiener ihn nicht als ihren gemeinsamen Fürsten ernennen können – er also kein *principe civile* sein wird –, so warten sie doch auf sein Kommen und werden sich ihm freiwillig unterwerfen (P XXVI: 298). Es ist durch die Aufgabe, die er bereit ist zu übernehmen, daß dieser neue Fürst seine Legitimität erlangt.

Wie Italien, wartet aber auch Florenz auf seinen Erlöser, mit dem Unterschied allerdings, daß Florenz nicht von den ‚Barbaren' befreit werden muß, sondern von einer unzulänglichen Verfassung und den immer wieder von neuem entstehenden Parteien. Der existierenden Verfassung gelingt es nicht, die Konflikte zu hegen, die ständig zwischen dem Adel und dem Volk, bzw. zwischen dem höheren und dem niederen Volk ausbrechen. Genauso wie die Territorialmächte im Italien, das uns Guicciardini beschreibt, denkt auch jede soziale Gruppe in Florenz nur an ihr je eigenes Interesse und vergißt dabei den allgemeinen Nutzen. Werden neue Gesetze gemacht, so haben diese niemals das allgemeine Gute im Blick, sondern einzig und allein den Vorteil der Partei, welcher es gelingt, sie durchzusetzen. Damit ist aber der Konflikt programmiert. Florenz muß von dieser Situation befreit werden, und es muß wieder den Weg zum *vivere politico/civile* zurückfinden, also zu jener Form des Zusammenlebens, in dem die Konflikte durch eine gesetzliche Ordnung gehegt werden, so daß die Menschen nicht vor die Notwendigkeit gestellt werden, böse zu sein. Die Frage ist nur, ob und wie Florenz zu diesem zivilisierten Leben zurückfinden kann.

Nachdem er die desolate Lage seiner Heimatstadt beschrieben hat, meint Machiavelli in den *Istorie*, Florenz sei an dem Punkt angelangt, an dem die Stadt „mit Leichtigkeit durch einen weisen Gesetzgeber (datore di leggie) unter irgendwelche Herrschaftsform (forma di governo) wiedergeordnet werden kann" (IF III, 1: 691). Eine Sache ist es, die Stadt zu ordnen, eine andere ist es, jemanden zu finden, der sie ordnet, so daß aus der Leichtigkeit des Ordnens noch nicht geschlossen werden kann, daß es auch leicht sein wird jemanden zu finden, der mit Leichtigkeit ordnen wird. Der doch relativ optimistischen Aussage auf Seite 691 der *Istorie* muß eine viel pessimistischere Aussage auf Seite 715 desselben Werkes entgegengestellt werden: „Man muß zugeben, daß, wenn es geschieht (und es geschieht selten), daß in einer von der Fortuna begünstigten Stadt, ein weiser, guter und mächtiger Bürger hervortritt, der die Gesetze ordnet, durch welche diese Gemütsverfassungen der Adligen und der Menschen aus dem Volk (popolani) sich beruhigen oder doch derart gezähmt werden, daß sie kein Übel mehr anrichten können, dann kann diese Stadt frei genannt werden, und jene Herrschaft (stato) kann als stabil und gefestigt gelten [...]" (IF IV, 1: 715).

Wichtig ist hier die Bemerkung zwischen Klammern – und bei Machiavelli ist es immer wichtig das genau zu lesen, was zwischen Klammern oder in einem unscheinbaren Nebensatz steht: Ein weiser, guter und mächtiger Bürger, der ein Gemeinwesen neuordnet, um es wieder auf den Weg des *vivere civile* zu bringen, ist eine Seltenheit. Meistens wird mindestens immer eine Eigenschaft fehlen. Fraglich ist dann aber auch, ob diese Eigenschaften genügen. In den *Discorsi* vergleicht Machiavelli das Schicksal Savonarolas mit demjenigen von Piero Soderini, dem auf Lebenszeit ernannten *gonfaloniere di giustizia* (D III, 30: 237). Von Savonarola heißt es, ihm hätte die Autorität, und damit auch die sie begleitende Macht, gefehlt, um seine Reform in Florenz durchzusetzen: Ein unbewaffneter Prophet, so hatten wir im vorigen Kapitel gesehen, wird scheitern. Soderini seinerseits glaubte, er könne den Neid durch die Güte, „ohne irgendeinen Skandal, ohne Gewalt oder Tumult" besiegen. Beide scheitern, und ihr Scheitern, so Machiavelli, ist dadurch bedingt, daß sie dem Neid ihrer Mitbürger nicht standhalten konnten.

Wer das Gemeinwesen neuordnen will, um wieder das *vivere civile* zu ermöglichen, muß weise, gut und mächtig sein, muß aber auch in der Lage und vor allem bereit sein, den Neid und den Ehrgeiz zu besiegen, ansonsten er scheitern wird. Der Neid und der Ehrgeiz treten aber oft in Form von Menschen auf, die sich dem *vivere civile* verschließen und die nicht daran denken, auf Gewalt zu verzichten, um ihren Ehrgeiz zu befriedigen. Somit wird der weise, gute, mächtige und reformwillige Bürger vor die Notwendigkeit gestellt, mit geeigneten Mitteln auf die Gewalt zu reagieren. Und das geeignete Mittel ist oft die Gewalt. Aber kann ein *guter* Bürger zu einem *bösen* Bürger werden?

Hier stehen wir vor einem der Grundprobleme der politischen Philosophie Machiavellis, ein Problem, dessen er sich übrigens vollends bewußt war, wie es folgende Stelle aus den *Discorsi* dokumentiert: „Und da die Wiederordnung einer Stadt in Richtung *vivere politico* einen guten Menschen voraussetzt, und da die gewalttätige Machtergreifung durch einen Fürsten einen bösen (cattivo) Menschen voraussetzt, geschieht es sehr selten, daß ein guter auf bösem Weg Fürst werden will, auch wenn sein Zweck ein guter ist; und [es geschieht auch sehr selten N.C.]daß ein böser, wenn er Fürst geworden ist, Gutes tun will und es ihm einfällt, jene Autorität gut zu benutzen, die er auf böse Weise erlangt hat" (D I, 18: 104).

Das politische Ziel ist die Neu- oder Wiederordnung eines Gemeinwesens, so daß sich die Menschen in ihm nicht mehr vor die Notwendigkeit gestellt sehen, aus Notwendigkeit zu kämpfen und aus Notwendigkeit böse zu sein. Aus der Alternative ‚Verletzen oder verletzt werden' soll die Konjunktion werden ‚Nicht verletzen und nicht verletzt werden'. Anstatt auf Gewalt zurückzugreifen, sollen die Menschen ihre Konflikte auf gesetzlichem Wege austragen. Der Fürst ist ein politisches Mittel, um dieses Ziel zu erreichen. Er kann die Bedingungen wiederherstellen, die ein *vivere civile* wieder ermöglichen. Aber wie wird man zum Fürsten?

In der im ersten Teil dieses Kapitels angeführten Typologie der Fürstentümer hatten wir festgestellt, daß Machiavelli die Fürstentümer auch hinsichtlich des Weges unterscheidet, auf dem sie erworben wurden. Fundamental ist dabei der Gegensatz zwischen dem *principato civile*, in dem der Fürst durch das Wohlwollen eines Teiles der Mitglieder des Gemeinwesens zur Macht gelangt ist, und dem Fürstentum, in dem der Fürst die Macht an sich gerissen hat, ohne den Willen aller oder doch des größten Teils der Untertanen zu beachten.

Aufgrund dieser im *Principe* gemachten Unterscheidung, könnte man den Machiavelli der *Discorsi* darauf hinweisen, daß ein Mensch auch ohne Gewalt an die Macht gelangen kann, und zwar immer dann, wenn das Volk oder die Adligen – oder warum nicht auch beide – ihm diese Macht übertragen, damit er dem Ehrgeiz einer der beiden Parteien Einhalt gebietet und somit die Bedingungen der Möglichkeit eines *vivere civile* wiederherstellt. Ein solcher Fürst müßte also nicht auf böse Mittel zurückgreifen, um die Macht zu erlangen.

Dem würde Machiavelli sicherlich entgegenhalten, daß es durchaus möglich ist, die Macht auch ohne Gewalt, also auf einem guten Weg zu erlangen, und daß in diesem Sinne die Behauptung der *Discorsi* zum Teil revidiert werden sollte. Aber auch wenn man davon ausgeht, daß ein Individuum ohne Gewalt und durch den Willen eines Teiles der Bevölkerung an die Macht gekommen ist, so muß doch diese Macht stabilisiert werden, und die Aufgabe, welche die Machtübertragung eigentlich erst motiviert hat, muß auch vom Fürsten erfüllt werden. Und hier kann es notwendig werden, auf Gewalt zurückzugreifen, um denjenigen zu widerstehen, die keine Rückkehr zum *vivere civile* wollen, da sie in den Gesetzen ein Hindernis ihres Ehrgeizes sehen. Gegenüber den Ehrgeizigen – und *nur* gegenüber den Ehrgeizigen – muß und darf der Fürst böse sein.

Will ein guter Mensch Gesetzgeber werden, um das *vivere civile* wieder einzuführen, so muß er im voraus wissen, daß er höchstwahrscheinlich nicht daran vorbeikommt, Menschen zu verletzen und dementsprechend böse zu handeln. Die Frage ist dann, ob ein guter Mensch bereit sein wird, böse zu handeln. Oder anders ausgedrückt: Der betreffende Mensch muß entscheiden, welchem Wert er den Vorrang geben wird – ein Problem, auf das wir im letzten Teil dieses Kapitels zurückkommen werden. Weisen wir darauf hin, daß Machiavelli sein Bedauern hinsichtlich einer solchen Situation ausdrückt: „Tatsache ist, daß ich diejenigen für unglücklich halte, die, um ihre Herrschaftsordnung (stato) aufrechtzuerhalten, auf außerordentliche Mittel zurückgreifen müssen, und das Volk zum Feind haben: Denn wer die Wenigen als Feinde hat, kann sich leicht und ohne größere Skandale absichern; aber wer die Allgemeinheit als Feind hat, der wird sich niemals absichern; und je mehr Grausamkeit er anwendet, um so schwächer wird sein Fürstentum" (D I, 16: 100). Machiavelli sagt dem Fürsten nicht, so gewalttätig wie nur möglich zu sein, sondern an dieser Stelle läßt er ganz deutlich durchblicken, daß ein Fürst, wenn er sich in eine Situation versetzt, in welcher er viel Gewalt anwenden muß, um sich abzusichern, letzten Endes höchstwahrscheinlich scheitern wird.

Ist ein böser Mensch zum Gesetzgeber geworden, so würde er wahrscheinlich nicht zögern, jene Mittel einzusetzen, die für eine Wiederherstellung des *vivere civile* notwendig sind, aber es besteht das Risiko, daß er diese Mittel nicht nur, wenn überhaupt, für diesen von Machiavelli selbst als gut bezeichneten Zweck einsetzt, sondern auch, wenn nicht sogar ausschließlich, um seines eigenen Interesses willen. Aber dadurch wird er Angst und Haß hervorrufen und somit genötigt sein, noch ein Stück weiter auf dem Weg der Gewalt fortzuschreiten. Ein Weg, der sich aber auf einmal als eine Sackgasse erweisen könnte.

Auf der einen Seite haben wir also den guten Menschen, der zwar den guten Zweck will, aber vor den bösen Mitteln zurückschreckt. Auf der anderen Seite haben wir den bösen Menschen, der zwar nicht vor den bösen Mitteln zurückschreckt, aber kaum, wenn überhaupt, Interesse an der Verwirklichung des guten Zweckes zeigt. Diese zwei Situationen stellen die politische Philosophie vor eine doppelte Aufgabe. Einerseits ist den guten Menschen zu zeigen, daß, auch wenn sie böse handeln müssen, es doch möglich ist, dieses böse Handeln auf ein Minimum zu reduzieren. Andererseits ist den bösen Menschen zu zeigen, daß es ihren eigenen Interessen widerspricht, ihre Macht ungebunden und bloß für ihren eigenen Nutzen zu gebrauchen. Oder anders ausgedrückt: Zu zeigen ist die Notwendigkeit einer Bindung der Macht und die Möglichkeit einer Reduzierung der Bosheit. Es ist diese doppelte Aufgabe, die Machiavelli im *Principe* verfolgt – die aber auch in seinen anderen Schriften präsent ist.

3. *Principe nuovo* und Tyrann

Generationen von Denkern haben in Machiavellis *Principe* eine Art Lehrbuch für angehende Tyrannen gesehen. Es soll hier nicht behauptet werden, Machiavelli sei ganz unschuldig gewesen am Zustandekommen dieses Eindrucks. Der von ihm zum paradigmatischen Fürsten erhobene Cesare Borgia war sicherlich nicht der weise, gute und mächtige Mensch, von dem in den *Istorie* die Rede ist. Allerdings finden wir in den Briefen, die der Gesandte Machiavelli vom Hofe Borgias an die Signoria schickt, einige Stellen, die den Herzog von Valence in ein doch besseres Licht rücken als etwa die Beschreibung der grausamen Art und Weise, wie er mit dem ihm zu Dienste stehenden grausamen Statthalter Remiro d'Orca vorging – er ließ ihn entzwei schneiden, und der zerstückelte Körper wurde dann der Öffentlichkeit gezeigt. Eigentlich hätte Borgia seinem Statthalter gegenüber dankbar sein sollen, denn dieser hatte die Ordnung wiederhergestellt.

Was jetzt die Stellen betrifft, in denen die – angeblich – von Borgia verfolgten Zwecke den Herzog und Sohn des Papstes Alexander VI. in ein etwas besseres Licht rücken können, so kann etwa auf jenen Brief an die Signoria hingewiesen werden, in welchem Machiavelli den Herzog sagen läßt, „es sei nicht seine Absicht, einen Tyrannen zu verjagen, um deren zehn neue an seine Stelle zu setzen" (TO: 487). Und in demselben Gesandtschaftsbrief vom 8. Januar 1502 berichtet Machiavelli der Signoria über eine Forderung Borgias. In Siena herrschte zu dieser Zeit Pandolfo Petrucci, ein Feind Borgias. Dieser verlangte von den Gesandten Sienas, daß die Stadt ihm Petrucci ausliefere, ansonsten er Siena angreifen würde, um sich Petrucci selbst zu holen. Machiavelli zufolge soll Borgia dabei gesagt haben, „er käme mit seinem Heer zu diesem Zweck, und es tue ihm Leid, andere verletzen zu müssen, aber er bitte Gott um Entschuldigung, wie auch die Menschen und sie, aber er mußte sich einer Notwendigkeit beugen und einer vernünftigen Empörung gegenüber demjenigen, der nicht nur eine tyrannische Herrschaft über eine der ersten Städte Italiens ausüben wollte, sondern auch durch den Untergang anderer allen seinen Nachbarn die Gesetze vorschreiben wollte" (ebd.).

Hier wird man sich selbstverständlich die Frage stellen können, ob Borgia sich tatsächlich so ausgedrückt hat, und wenn ja, ob seine Behauptungen ehrlich gemeint waren. Ob er also tatsächlich Petrucci das Handwerk legen wollte, damit dieser seine tyrannische Macht nicht ausdehnt, oder ob nicht vielmehr Petrucci ein Hindernis auf dem Wege Borgias zur tyrannischen Alleinherrschaft über die Toskana war. Doch klammert man diese Fragen aus und nimmt man den Text als einen Text, der nicht die historische Wahrheit wiedergeben, sondern ein Problem zum Ausdruck bringen will, indem er sich an historische Gegebenheiten anlehnt, so wird man feststellen können, daß die in den Hauptwerken des in Ungnade Gefallenen zentrale Thematik schon in den frühen Schriften des angesehenen Gesandten präsent ist. Borgia erscheint uns als jemand, der gegen einen Feind des *vivere civile* kämpft und der sich in diesem Kampf vor die Notwendigkeit gestellt sieht, andere zu verletzen, also böse zu handeln. Würde Siena ihm Petrucci ausliefern, so brauchte er die Stadt und ihre Einwohner nicht anzugreifen. Der Herzog – wie er uns von Machiavelli vorgestellt wird – ist sich der Bosheit seines Handelns vollends bewußt und bittet demnach auch Gott und die Menschen um Entschuldigung.

Der gute Zweck – die Toskana von einem Menschen befreien, der aus Ehrgeiz böse ist –, die bösen Mittel – das Verletzen der Einwohner Sienas, die Petrucci nicht freiwillig ausliefern wollen – und ein – scheinbar – guter Mensch, der zwar lieber keine bösen Mittel anwenden würde, der sich aber vor die Notwendigkeit gestellt sieht, die bösen Mittel anzuwenden, um den guten Zweck zu erreichen. Wir finden schon in den frühen

Schriften Machiavellis jene Elemente wieder, die ein gutes Jahrzehnt später das Grundgerüst seiner theoretischen Schriften bilden werden. Wenn es auch durchaus berechtigt ist, Machiavellis politische Philosophie als eine Anleitung zum Böse-Sein zu interpretieren, so muß man doch vorsichtig sein, daß man dieses Böse-Sein nicht als eine Art von Selbstzweck sieht. Wir leben in einer Welt, in welcher gute Zwecke oft nicht anders als durch böses Handeln erreicht werden können. Aber daraus folgt noch nicht, daß man immer böse handeln soll. Es ist nicht der Zweck als solcher, der das böse Handeln notwendig macht, sondern vielmehr die Bedingungen, unter denen der Zweck verwirklicht werden soll. Böses Handeln ist nur dort legitim, wo es die Bedingungen für ein böses Handeln aus Notwendigkeit bekämpft. Illegitim wird es, sobald es Bedingungen schafft, in denen es sich vermehren muß.

Der Machiavellische Fürst wäre demnach jemand, der aus Notwendigkeit böse handelt, der aber durch sein böses Handeln versuchen muß, die Notwendigkeit aufzuheben, die ihn zu einem bösen Handeln gezwungen hat. Er ist nicht jemand, der böse sein will, sondern jemand, der böse sein muß. Oder anders ausgedrückt: Wenn die Wiederbelebung des *vivere civile* böses Handeln manchmal notwendig macht, dann verschwindet mit der erfolgten Wiederbelebung des *vivere civile* die Notwendigkeit des bösen Handelns – und auch, könnte man sagen, die Notwendigkeit eines ordnenden Fürsten. Der Machiavellische Fürst wäre dann nichts anderes als ein notwendiges Instrument, das sich selbst überflüssig macht. Interessant ist in diesem Zusammenhang folgende Stelle aus dem ‚Discursus florentinarum rerum post mortem iunioris Laurentii Medices'. Um die Stelle angemessen zu würdigen, muß man sich vor Augen führen, daß Machiavelli sich in dieser Schrift an die Medici und genauer noch an den Kardinalen Giulio dei Medici richtet, der damals Florenz kontrollierte: „Es scheint uns, wenn man diese ganze institutionelle Ordnung als Republik und ohne Eure Autorität betrachtet, daß ihr nichts fehlt, wie wir es weiter oben ausführlich diskutiert und dargestellt haben: aber wenn man Eure Heiligkeit und Euer Hochwürden als lebendig betrachtet, dann ist es eine Monarchie. [...] Eure

Heiligkeit könnte manchmal den Rat bei der Ernennung eines neuen Mitglieds der Fünfundsechzig gewähren lassen und ähnlich bei den Zweihundert; und je nach den Umständen könnten auch Sie den einen oder anderen ernennen; und ich bin sicher, daß nach kurzer Zeit, durch die Autorität Eurer Heiligkeit, die über alles wachen würde, diese jetzige Herrschaftsform sich in jene und jene sich in diese verwandeln würde, daß sie eine und dieselbe Sache werden würden und ein einziger Körper, und die Stadt hätte den Frieden und Eure Heiligkeit ewigen Ruhm; denn immer könnte Eure Autorität den Mängeln begegnen, die aufkommen würden" (TO: 30). Wir haben hier das Bild eines Gemeinwesens, das sich sozusagen selbst regiert, nachdem ihm ein Gesetzgeber gute Gesetze gegeben hat. Der Gesetzgeber nimmt hier die Form des deistischen Gottes an: Er schafft sein Werk, unterwirft es guten und harmonischen Gesetzen und zieht sich dann zurück. Mit dem Unterschied allerdings, daß das Werk des menschlichen Gesetzgebers nie derart perfekt ist, daß nicht manchmal ein neuer Eingriff notwendig wird, um der sich anbahnenden Unordnung entgegenzuwirken.

Um das soeben Gesagte noch weiter zu untermauern, sei noch der letzte Satz des ‚Discursus' zitiert, ein Satz in dem das Ziel der legitimen Herrschaft – die Überwindung des Ehrgeizes und der Angst – mit aller Deutlichkeit formuliert wird: „Und es gibt keinen anderen Weg, um diesen Übeln zu entfliehen, als dafür zu sorgen, daß die institutionelle Ordnung der Stadt sich selbst aufrechterhalten kann; und sie wird immer aufrecht bleiben, wenn jeder die Hand daran legt; und wenn jeder weiß, was er zu tun hat, und worauf er sich verlassen kann; und wenn kein Bürger, welchen Grades er auch immer sein mag, entweder aus Angst oder aus Ehrgeiz eine Erneuerung herbeizuwünschen hat" (TO: 31).

Es ist wesentlich im Hinblick auf den Gebrauch der Gewalt, daß sich der legitime – bzw. der Legitimität beanspruchende – Fürst vom Tyrannen unterscheidet. Mögen auch der *principe nuovo* und der Tyrann dieselben Mittel gebrauchen – vom Vertragsbruch über die willkürlichen Festnahmen bis hin zu der mitleidlosen Exekution der gewaltbereiten Gegner –, so kennt der Gebrauch dieser Mittel keine Grenzen im Falle des

Tyrannen. Im Falle des Fürsten gibt es solche Grenzen. Machiavellis Fürst ist vielleicht ein absoluter Fürst, aber er ist kein Tyrann. In den *Discorsi* zeichnet Machiavelli uns das Bild eines wahrhaften Tyrannen, nämlich Alexanders Vater, Philip von Mazedonien: „Und wer über ihn schreibt, sagt, daß er die Menschen von einer Provinz in die andere übersiedelte, wie die Schäfer es mit ihren Schafen tun. Es sind dies äußerst grausame Maßnahmen, und sie stehen in einem absoluten Gegensatz (nimici) einer jeden Lebensform (vivere), nicht nur einer christlichen, sondern auch einer menschlichen; und jeder Mensch soll sie vermeiden, und lieber als Privatmann leben, als König sein und eine solche Situation herbeiführen; aber trotzdem, wer diesen ersten Weg des Guten nicht einschlagen will, der muß, wenn er seine Macht erhalten will, den Weg des Bösen einschlagen" (P XXVI: 109).

Machiavelli spricht hier von einem Fürsten, dessen Fundamente schwach sind, „und der sich nicht über den Weg eines Königreiches oder einer Republik auf das *vivere civile* hin bewegt" (ebd.). Einem solchen Fürsten geht es letzten Endes nur noch um die reine Machterhaltung oder -vergrößerung. In seinem Fall haben wir es nicht mehr mit einem Kämpfen aus Notwendigkeit, sondern nur noch mit einem bloßen Kämpfen aus Ehrgeiz zu tun. Und dementsprechend ist er auch nicht mehr aus Notwendigkeit böse, sondern aus Ehrgeiz. Da nun aber der Ehrgeiz unbegrenzt ist, ist auch die Bosheit eines solchen Fürsten unbegrenzt. Darüber hinaus versetzt er sich selbst in die Notwendigkeit, böse zu sein, eine Notwendigkeit die aber diesmal nicht durch die Wiederbelebung des *vivere civile* bedingt wird, sondern durch die Befriedigung des Ehrgeizes des Fürsten: Weil er seine Macht unendlich vergrößern will, muß er böse sein.

Was bringt einem Fürsten den größeren Ruhm: seine Macht unendlich vergrößern zu wollen oder das *vivere civile* wiederzubeleben? In den *Discorsi* zählt Machiavelli Menschen auf, die von der Menschheit gelobt wurden und noch werden. An erster Stelle rangieren die Religionsbegründer, an zweiter Stelle die Begründer der Republiken und Königreiche (regni), an dritter die Feldherren und an vierter die Gelehrten. Getadelt werden umgekehrt diejenigen, welche die Religionen und Gemeinwesen zerstören und die, allgemein gesehen, Feinde von allem sind, was der Menschheit Ehre und Nutzen bringt. Und Machiavelli fährt dann weiter: „Und niemand wird jemals so verrückt oder so weise, so böse oder so gut sein, daß er, wenn man die beiden Arten von Menschen vor ihn stellt und nach seinem Urteil fragt, die nicht loben wird, die man loben soll, und die tadelt, die man tadeln soll; aber man sieht doch nichtsdestoweniger, daß fast alle, durch ein falsches Gut und einen falschen Ruhm getäuscht, entweder freiwillig oder aus Unwissenheit, zu solchen werden, die mehr Tadel als Lob verdienen; und diejenigen, die ewigen Ruhm ernten könnten, indem sie entweder eine Republik oder ein Köngreich gründen, wenden sich der Tyrannei zu: und es fällt ihnen nicht auf, wieviel Ruhm, Ehre, Sicherheit, Ruhe und innere Genugtuung (sodisfazione d'animo) ihnen entgeht; und wieviel Schande, Schmach, Tadel, Gefahr und Unruhe sie auf sich laden" (D I, 10: 91-2).

Dabei weist Machiavelli darauf hin, daß ein nicht-tyrannischer Fürst genausoviel Autorität hat wie ein Tyrann. Die faktische Machtfülle des Fürsten und des Tyrannen ist also dieselbe, nur daß im Falle des Fürsten die Machtfülle im Dienste der Wiederbelebung des *vivere civile* zu stehen hat. Wo der Fürst seine Machtfülle nicht gebraucht, um das *vivere civile* zu fördern, entartet er zum Tyrannen. In diesem Zusammenhang ist es angebracht, folgende Stelle aus dem *Principe* zu betrachten: „Als gut gebraucht (bene usate) kann man jene [scil. Grausamkeiten N.C.] betrachten (wenn man vom Bösen Gutes sagen kann), die auf einmal begangen werden, aus der Notwendigkeit heraus, sich abzusichern, und in denen man daraufhin nicht verweilt, sondern die sich in den größtmöglichen Nutzen für die Untertanen verwandeln. Als schlecht gebraucht (male usate) sind diejenigen zu betrachten, die, auch wenn es deren am Anfang nur wenige sind, eher mit der Zeit zu- als abnehmen" (P VIII: 270).

Der nicht-tyrannische absolute Fürst ist jemand, der seine faktisch uneingeschränkte Macht gebraucht, um eine Situation herzustellen, in welcher er keinen bösen Gebrauch dieser Macht mehr zu tun braucht; sein Machtgebrauch ist, wenn man so sagen kann, strategisch-konterstrategisch. Der tyrannische

Fürst ist im Gegensatz dazu jemand, der nicht das Ziel verfolgt, eine Situation zu schaffen, in welcher er nicht mehr zum bösen Handeln gezwungen sein wird. Dem tyrannischen Fürsten ist es an sich gleichgültig, ob er in Zukunft noch wird böse handeln müssen oder nicht. Zwischen diesen beiden Figuren finden wir den Fürsten, der seiner Aufgabe nicht gewachsen ist: Er will zwar eine Situation schaffen, in welcher er keinen bösen Gebrauch seiner Macht mehr zu tun hat, aber er schreckt vor den Mitteln zurück, die nötig wären, um dieses Ziel zu erreichen. Anstatt entschieden mit der ihm anvertrauten bzw. der von ihm angeeigneten öffentlichen Macht gegen die private Gewalt vorzugehen, die das *vivere civile* gefährdet und damit eine ständig größere Notwendigkeit schafft, auf böse Mittel zurückzugreifen, um sich zu verteidigen, läßt dieser Fürst die Situation sich verschlimmern, da er sich nicht traut jene radikale Maßnahmen zu treffen, die allein imstande wären, das *vivere civile* wiederzubeleben oder es allererst zu begründen.

Es sind diese ‚lauen' Fürsten, die Machiavelli vor allem kritisiert. Im *Principe* leugnet Machiavelli nicht die Grausamkeit Borgias, weist aber darauf hin, daß es dieser Grausamkeit zu verdanken ist, daß die Romagna wieder in Frieden leben kann. Und er vergleicht dann Borgia mit dem florentinischen Volk, „das, um es zu vermeiden, grausam genannt zu werden, Pistoia zerstören ließ" (P XVII: 282). Wer grausam ist, fügt sicherlich Menschen Leid zu, aber wer nicht manchmal grausam ist, der wird es manchmal zulassen, daß Menschen Leid zugefügt wird. Hier fällt einem das berühmte moralische Problem ein: Sollte man einen Terroristen foltern dürfen, um von ihm zu erfahren, wo er eine Bombe versteckt hat, die Tausenden von Menschen das Leben kosten würde und die man nur durch seine Aussagen – die er sicherlich machen wird, wenn man ihn foltert – rechtzeitig finden und entschärfen kann?

Ein paradigmatisches Beispiel für die gewaltsame Begründung des *vivere civile* ist Romulus, der mythische Begründer Roms. Ihn erwähnt Machiavelli u.a. im neunten Kapitel des ersten Buches der *Discorsi*. Dort schreibt er: „[V]iele werden es wahrscheinlich als ein schlechtes Beispiel betrachten, daß der Begründer eines *vivere civile*, wie es Romulus war, zuerst seinen Bruder erschlägt und dann der Ermordung des Titus Tatius Sabinus zustimmt, den er zuvor zu seinem Mitregenten erkoren hatte; und werden daraus schließen, daß seine Untertanen (cittadini) mit der Erlaubnis ihres Fürsten und aus Ehrgeiz und Herrschsucht jene verletzen dürfen, die sich ihrer Autorität widersetzen. Welche Auffassung richtig wäre, wenn man nicht den Zweck berücksichtigte, der ihn zu der Ermordung trieb" (D I, 9: 90).

Machiavellis Sätze dürfen nicht überflogen, sondern in ihnen muß jedes Wort genau berücksichtigt werden, ansonsten man Gefahr läuft, die eigentliche Problematik des Autors zu übersehen. Das gilt auch für die eben zitierte Stelle. Machiavelli stellt zunächst eine weitverbreitete Meinung dar: Romulus ist nicht nachzuahmen, da er seinen Bruder ermordet hat, um die Macht zu erlangen. Es ist dies eine Meinung, die man bei denjenigen finden wird, die auf eine vollkommene Weise gut sind. Für sie ist jeder Gebrauch von Gewalt verabscheuungswürdig. Aus der Tatsache, daß Machiavelli Romulus als nachzuahmendes Beispiel angibt, könnten diese vollkommen guten Menschen schließen, daß der Florentiner jedem einen Blankoscheck ausstellt, der auf gewaltsame Weise Macht über andere erlangen will.

An dieser Stelle der *Discorsi* hat Machiavelli, vielleicht ohne es zu ahnen, die Kritik vorweggenommen, die Generationen von Guten oder sich als Gute ausgebende politische Denker gegen ihn gerichtet haben. Aus der Tatsache, daß Machiavelli im *Principe* den Gebrauch von Gewalt legitimiert, wurde geschlossen, daß für ihn der Gebrauch von Gewalt immer erlaubt ist, wenn man Macht über andere Menschen erlangen will. Unter diesen Umständen wird es dann nicht mehr möglich sein, einen Unterschied zwischen dem nicht-tyrannischen und dem tyrannischen Fürsten zu machen. Der einzige Hintergrund, vor dem der Rückgriff auf Gewalt gerechtfertigt wird, ist die Erlangung der Macht, und diese wird vor keinem weiteren Hintergrund gerechtfertigt, sondern als einen sich selbst legitimierenden Ausfluß der menschlichen Herrschsucht und der *ambizione* gesehen. Damit wird es ein leichtes Stück, aus Machiavelli den Theoretiker der Tyrannei zu machen. Dies ist aber nicht mehr der Fall, wenn man die Erlangung und Festigung der Macht nicht als Selbstzweck, sondern als Mittel zur Erreichung eines übergeordneten Zweckes sieht. Und dieser übergeordnete Zweck ist das *vivere civile*.

Wer Machiavelli auf diesem Punkt kritisieren will, der muß klar zwischen zwei verschiedenen Arten von Kritiken unterscheiden. Man kann einerseits die faktische Behauptung in Frage stellen, daß die Ermordung von Remus und Sabinus notwendig war, um dem *vivere civile* den Weg zu öffnen. Hier wird nicht die ethische Legitimität der Gewaltanwendung in Frage gestellt, sondern ihre faktische Notwendigkeit. Hätte Romulus das *vivere civile* nicht auch einführen können, ohne seinen Bruder zu ermorden – eine Verbannung hätte vielleicht genügt? Insofern man in der Geschichte nicht herumexperimentieren kann, um die verschiedenen Hypothesen zu testen, ist es so gut wie unmöglich, eine gesicherte Antwort auf die eben gestellte Frage zu geben. Was wir mit Sicherheit wissen, ist, *daß* Romulus das *vivere civile* begründet hat, indem und obwohl er seinen Bruder ermordete.

Natürlich wird man die Frage der faktischen Notwendigkeit der Gewalt vor allem dann stellen, wenn man Zweifel gegenüber der Legitimität der Gewaltanwendung hegt. Wäre der Rückgriff auf Gewalt unproblematisch, so würde man sie anwenden, ohne allzuviel über ihre Notwendigkeit und über mögliche Alternativen nachzudenken. Die Gewalt ist ein böses Mittel, und auf den Gebrauch böser Mittel sollte man weitgehend verzichten. Insofern ist es höchste Pflicht des Fürsten, genau zu überlegen, ob der Rückgriff auf solche Mittel wirklich notwendig ist, um das *vivere civile* zu begründen. Diese Überlegung ist aber eine die Fakten – mögen diese auch metaphysischer Natur sein –, nicht die Werte betreffende Überlegung.

Neben dieser die Fakten betreffend Überlegung finden wir aber auch eine die Werte betreffende Frage. Angenommen, der Gebrauch von Gewalt ist notwendig, rechtfertigt die Begründung eines *vivere civile* einen solchen Gebrauch? Aus dem ‚*Muß man wirklich* böse handeln, um das *vivere civile* zu begründen?' ist ein ‚*Darf man überhaupt* böse handeln, um das *vivere civile* zu begründen?' geworden. Oder anders herum gefragt: Liegt der höchste Wert in der Gewaltlosigkeit oder im *vivere civile*?

Im letzten Teil dieses Kapitels werden wir uns noch genauer mit dieser oder einer ihr doch sehr ähnlichen Frage befassen und dabei auch die Antwort Machiavellis kommentieren. Im Augenblick wollen wir uns wieder dem Beispiel des Romulus zuwenden, so wie Machiavelli es in den *Discorsi* darstellt. Mag auch Romulus den Bruder umgebracht haben, so muß man doch feststellen, daß er dies nicht „per ambizione propria", also um den eigenen Ehrgeiz zu befriedigen, getan hat, sondern um des Gemeinwohls willen (D I, 9: 91). Als Indiz dafür sieht Machiavelli die Tatsache, daß Romulus einen Senat schuf, mit dem er sich beratschlagte, bevor er eine Entscheidung traf. Des weiteren hält der Autor fest, daß Romulus keine andere Autorität nur für sich allein in Anspruch nahm als diejenige, die Truppen Roms in den Krieg zu führen. Und dann der – in den Augen Machiavellis – wohl beste Beweis dafür, daß Romulus an das Wohl des von ihm begründeten Gemeinwesens und nicht an die Befriedigung seines Ehrgeizes dachte: „Und dies konnte man dann auch feststellen, als Rom durch das Verjagen der Tarquinier frei wurde; damals hatten die Römer es nicht nötig, eine neue, von der alten verschiedene Ordnung einzuführen, außer daß sie anstelle eines Königs auf Lebenszeit zwei jährlich neu gewählte Konsuln setzten; was beweist, daß alle Ordnungen, welche die Stadt vorher gekannt hatte, mehr dem freien *vivere civile* (vivere civile e libero) entsprachen als einem absoluten und tyrannischen Leben" (ebd.). Wie böse also die Handlung des Romulus an sich auch immer gewesen sein mag, so hat sie es doch erlaubt, eine Lebensform zu begründen, in welcher der Ehrgeiz gezähmt und damit auch das böse Handeln aus Notwendigkeit auf ein Minimum reduziert wurde.

Wie der Hobbessche Leviathan, so hat auch der Fürst Machiavellis die Aufgabe, den Ehrgeiz zu bändigen. Von ihm selbst wird aber erwartet, und das zeigt das Beispiel des Romulus, daß er nicht aus Ehrgeiz, sondern nur aus Notwendigkeit kämpft und böse handelt. Der Fürst muß also böse handeln, ohne böse zu sein. Indem er den Ehrgeiz bändigt, befreit nicht nur er sich von der Notwendigkeit, böse zu handeln, sondern er befreit auch seine Untertanen von dieser Notwendigkeit. In einem wohlgeordneten Fürstentum wird der Fürst dafür sorgen, daß seine Untertanen sich sicher fühlen und keine Angst zu haben brauchen, daß eine andere als die durch Gesetze handelnde öffentliche Macht sie zu beherrschen versucht. In einem solchen Fürstentum ist jeder sicher vor den Übergriffen anderer, und vor allem der Ehrgeizigen, also jener, die aus Ehrgeiz kämpfen. Ordnen die Ehrgeizigen sich nicht freiwillig dem *vivere civile* unter, versuchen sie also, Elemente privater Herrschaft dort einzuführen, wo eigentlich nur das allgemeine Gesetz herrschen soll, kann der Fürst sie mit allen Mitteln bekämpfen – auch mit solchen Mitteln, die nicht mit dem *vivere civile* vereinbar sind. Indem er dies tut, erfüllt er seine Aufgabe. Wer diese Aufgabe nicht erfüllen will, weil er vor den Mitteln zurückschreckt, sollte sie auch nicht übernehmen.

Insofern muß der Fürst Mensch, Fuchs und Löwe zugleich sein.[3] Mensch kann und muß er sein, wenn alle seine Untertanen auf Gewalt verzichten und demnach auch als Menschen handeln. Fuchs und Löwe muß er sein, wenn er mit der Schlauheit oder Macht derjenigen konfrontiert ist, die auch als Fuchs oder Löwe handeln und die das *vivere civile* zu untergraben versuchen. Der Machiavellische Fürst ist Mensch unter Menschen, aber er muß Tier unter Tieren sein, wenn er wieder Mensch unter Menschen sein will und wenn er die Menschen nicht in eine Situation verfallen lassen will, in der sie um des Überlebens willen zu Tieren werden müssen. Insofern Machiavelli davon ausgeht, daß das Tier in jedem Menschen schlummert, daß also jeder Mensch aus bloßem Ehrgeiz und gegen die Gesetze kämpfen kann, muß der Fürst immer bereit sein, böse zu handeln. Somit kann Machiavelli vom Fürsten behaupten, er müsse jederzeit bereit sein, sein Handeln zu ändern, „je nachdem wie der Wind der Fortuna sich dreht und die Wechselhaftigkeit der Ereignisse es verlangt und, wie oben gesagt worden ist, sich nicht vom Guten entfernen, wenn er es kann, aber den Weg des Bösen einschlagen können, wenn er es muß" (P XVIII: 284). Der nicht-tyrannische Fürst ist jemand, der den Weg des Bösen einschlägt, wenn er es *muß*, der tyrannische Fürst ist jemand, der den Weg des Bösen einschlägt, wenn er es *kann*.

4. Die Religion und die Waffen

Eine Sache ist es, die politische Macht zu erlangen, eine ganz andere ist es, sie zu festigen und damit auch den das *vivere civile* begünstigenden Institutionen Rückhalt zu geben. Eine Antwort auf die Frage, wie ein Fürst seine Macht festigen kann, gibt Machiavelli im 12. Kapitel des *Principe*: „Die Hauptfundamente eines jeden Staates, mag er alt oder neu oder gemischt sein, sind die guten Gesetze und die guten Waffen: Und da es keine guten Gesetze geben kann, wo es keine guten Waffen gibt, und wo gute Waffen sind, sollten selbstverständlicherweise (conviene) auch gute Gesetze sein, werde ich die Frage der Gesetze beiseite lassen und von den Waffen sprechen" (P XII: 275).

Wir hatten schon gesehen, daß in den Augen Machiavellis ein unbewaffneter Prophet kaum Aussicht hat, die Macht zu ergreifen, um das Gemeinwesen zu reformieren. Waffen sind also notwendig, aber diese Waffen müssen auch gut sein. Nur dort, wo die öffentliche Macht auf gute Waffen zurückgreifen kann, wird sie in der Lage sein, gute Gesetze durchzusetzen und für sie den nötigen Respekt zu gewinnen.

Im *Principe* unterscheidet Machiavelli zwischen vier Arten von Waffen, wobei dieser letzte Begriff in erster Linie die bewaffneten Truppen bezeichnet. Es sind dies die Söldnertruppen, die Hilfstruppen, die gemischten Truppen und die eigenen Truppen. Von diesen vier Truppenarten stehen vor allem die Söldnertruppen im Kreuzfeuer der Kritik Machiavellis. Diese Truppen sind „zerstritten, ehrgeizig, ohne Disziplin, untreu; mutig unter den Freunden; ängstlich unter den Feinden; sie fürchten Gott nicht und halten keine Treue mit den Menschen; und der Untergang ist um so entfernter, je entfernter noch der Angriff ist; und im Frieden beuten sie Dich aus, im Krieg tun es deine Feinde" (ebd.). Kurzum: Die Söldner sind unzuverlässig, und ein Fürst oder eine Republik, die sich auf Söldnertruppen stützt, baut auf wackligem Boden. Denn den Söldnern geht es in erster Linie, wenn nicht sogar ausschließlich um den Sold, und nicht um die Erhaltung derjenigen Instanz – ob Fürst oder Gemeinwesen –, für welche sie kämpfen (sollen). Von ihnen kann man nicht oder kaum erwarten, daß sie ihr Leben ernst-

Der ordnende Fürst 137

haft im Kampf einsetzen. Außerdem werden sie sich auf die andere Seite schlagen, sobald diese einen höheren Sold zu bieten hat.

Die Untauglichkeit der Söldnertruppen hat sich, so Machiavelli weiter, deutlich gezeigt, als der französische König Karl VIII. im Jahre 1494 in Italien einfiel. Die zahlreichen Söldnerheere, die von den italienischen Fürstentümern und Republiken bezahlt wurden, konnten den französischen Truppen nicht standhalten, so daß die Franzosen es leicht hatten, einen großen Teil Italiens zu erobern. Im *Principe* wird dieser Verlaß auf Söldnertruppen zu einer der Hauptsünden der italienischen Fürsten erhoben, zu einer Sünde, die Italien den Barbaren ausgeliefert hat.

Kaum besser als die Söldnertruppen schneiden in Machiavellis Urteil die Hilfstruppen ab. Gemeint sind damit jene Truppen, die ein Fürst einem anderen Fürsten zusätzlich zu dessen eigenen Truppen zur Verfügung stellt, damit letzterer eine militärische Operation durchführen kann. In einer gewissen Hinsicht sind solche Truppen noch gefährlicher als Söldnerheere, denn im Gegensatz zu den Söldnern sind die eigenen Truppen eines Fürsten meistens gut organisiert. Für solche Truppen kann es dann ein leichtes Stück sein, von dem errungenen Sieg zu profitieren, um denjenigen Fürsten, dem sie zur Seite standen, zu überwältigen.

Ein Fürst oder eine Republik sollten demnach so weit wie möglich auf Söldner- oder Hilfstruppen verzichten, da diese Art von Truppen unverläßlich und gefährlich sein können. Wo der Condottiere der Söldner oder der die Hilfstruppen kommandierende Fürst von einer unbeherrschten *ambizione* beflügelt wird, kann aus der Hilfe eine Gefahr werden. Und wo das auf Söldner- oder Hilfstruppen zurückgreifende Gemeinwesen keine eigenen Truppen hat, wird es sich nicht gegen diese Gefahren wehren können.

Aus dieser negativen Bewertung der Söldner- und Hilfstruppen – die auch zum Teil für die gemischten Truppen gilt – zieht Machiavelli die Konsequenz, daß nur eigene Truppen ein festes Fundament bilden können. Und eigene Truppen sind solche, die „zusammengesetzt sind aus Untertanen oder Bürgern oder Deinen eigenen Kreaturen (creati tuoi)" (P XIII: 278). Es ist ein solches regelrechtes Volksheer, das Machiavelli in Florenz einrichten wollte. In den ‚Provvisioni della repubblica di Firenze per istituire il magistrato de' nove ufficiali dell'Ordinanza e Milizia fiorentina' überschriebenen Gesetzen, liefert Machiavelli uns das Detail seiner Vorstellungen. In dem die Infanterie betreffenden Gesetz vom 6. Dezember 1506 heißt es gleich zu Beginn, ein festes Gemeinwesen beruhe auf der Gerechtigkeit und auf guten Waffen (TO: 40). Verfügt Florenz über gute, der Gerechtigkeit förderliche Gesetze, so fehlen der Stadt die guten Waffen. Es folgt dann eine genaue Beschreibung der Organisation der Truppen, auf die hier nicht weiter eingegangen werden soll. Behalten wir allerdings zurück, daß Machiavelli die Todesstrafe für diejenigen Truppenführer vorsieht, die ihre Truppen in den Dienst einer Privatperson stellen. Hier zeigt sich, daß Machiavelli sich der Tatsache bewußt war, daß auch eine Volksmiliz nicht automatisch und immer im Sinne des Gemeinwohls handelt. Es ist nicht auszuschließen – wiewohl es auch vielleicht weniger wahrscheinlich sein mag –, daß sie von mächtigen Privatpersonen instrumentalisiert wird, um diesen zu erlauben, die Macht zu erlangen.

Das Interesse Machiavellis für die militärischen Angelegenheiten wird nicht nur durch seinen Einsatz als Sekretär der Zehn dokumentiert. Er hat uns auch den Dialog *Dell'arte della guerra* hinterlassen. In der Vorrede zu diesem Dialog stellt Machiavelli fest, daß die militärische Ordnung nicht mehr das ist, was sie einst war, und daß die Menschen sich kaum noch für die Miliz interessieren. Mit seinem Text will Machiavelli das Interesse für die Miliz erneuern.

Machiavellis Interesse für die militärische Verteidigung des Gemeinwesens beschränkt sich nicht nur auf die rein technischen Aspekte der Kriegsführung. Ihn interessiert auch die Psychologie der Soldaten. So heißt es etwa im Vorwort zum Dialog *Dell'arte della guerra*: „Und wenn man in irgendeinem anderen Bereich der Städte oder der Königreiche jede Mühe aufbrachte, um die Menschen treu, friedliebend und voller Gottesfurcht zu halten, so verdoppelte sich diese Mühe in der Miliz; denn in welchem Menschen sollte das Vaterland größere Treue erwarten als in jenem, der ihr versprechen muß, für sie zu sterben? In welchem sollte mehr Liebe für den Frieden sein als in demjenigen, der nur durch den Krieg verletzt werden kann? In welchem sollte mehr Gottesfurcht sein als in demjenigen der jeden Tag auf Seine Hilfe angewiesen ist, wenn er sich tausend Gefahren unterwirft?" (AG, Vorwort: 301).

Das Gemeinwesen muß absolut auf seine Verteidiger zählen können. Auf Söldner und Hilfstruppen kann nicht gezählt werden, da sie entweder kein wahres Interesse haben, das Gemeinwesen zu verteidigen oder, schlimmer noch, weil sie ein Interesse daran haben, das Gemeinwesen zu unterwerfen. Das Gemeinwesen muß also auf seine eigenen Leute zurückgreifen – auf die Bürger in einer Republik, auf die Untertanen oder die eigenen ‚Kreaturen' des Fürsten in einem Fürstentum. Allerdings bedarf es einer besonderen ‚Konditionierung', um die Bürger oder Untertanen zu geeigneten Verteidigern des Gemeinwesens zu machen. Sie müssen nicht nur geschickt im Umgang mit den Waffen sein, sondern sie müssen auch bereit sein, für das Gemeinwesen zu sterben und dem Ehrgeiz widerstehen können, der sie zu einer Tat gegen das Gemeinwesen anstacheln könnte, um so selbst die Macht zu übernehmen oder von der Machtübernahme eines militärischen Befehlshabers zu profitieren.

In diesem Kontext erwähnt Machiavelli die Religion oder, genauer noch, die Gottesfurcht. Sein Gedanke scheint folgender zu sein: Nur wer an Gott und an ein Leben im Jenseits glaubt, wird genügend Mut aufbringen, um sein Leben zu opfern und die Leiden des Kampfes zu ertragen. Oder in einer weniger heldenhaften Weise formuliert: Wer an Gott und an eine Bestrafung des Meineids im Jenseits glaubt, wird sich davor hüten, sein Versprechen, für das Vaterland zu sterben, zu brechen. Setzen gute Gesetze gute Waffen voraus, so scheinen gute Waffen ihrerseits eine gute religiöse ‚Konditionierung' vorauszusetzen. Demnach könnte man die vorhin zitierte Behauptung aus dem *Principe* ergänzen: Die Hauptfundamente eines festen Gemeinwesens sind gute Gesetze, gute Waffen *und eine gute Religion*.

Daß die Religion für Machiavelli eine wichtige politische Funktion erfüllt, zeigt sich etwa an der Überschrift des 12. Kapitels des ersten Buches der *Discorsi*: „Wie wichtig es ist, die Religion zu berücksichtigen und wie Italien zugrundegegangen ist, weil es ihrer wegen der römischen Kirche entbehrte". Hier wird ganz klar mit dem Finger auf Rom gezeigt. Machiavelli ist der Überzeugung, daß Rom einen großen Teil der Schuld an der Misere Italiens trägt. Einerseits wirft er dem Papsttum vor, ein äußerst schlechtes Beispiel in Sachen Frömmigkeit abzugeben. Andererseits, und hier ist wahrscheinlich der zentrale Grund für Machiavellis Haß auf Rom, ist das Papsttum daran schuld, daß Italien noch nicht den Weg der großen zentralistischen Monarchien wie Frankreich oder Spanien gegangen ist. Die römische Kirche trägt die Schuld an der Zersplitterung Italiens: Sie hat zwar eine weltliche Macht, aber da sie nicht allzu mächtig ist, ist es ihr nicht gelungen, die einheitsstiftende Kraft zu sein. Aber obwohl sie nicht allzu mächtig ist, so ist sie doch andererseits wiederum nicht so schwach, daß sie sich hätte zugrundegehen lassen. Wurde sie angegriffen und konnte sie sich nicht selbst verteidigen oder fürchtete sie sich vor einem italienischen Fürsten, so rief sie ausländische Fürsten oder Truppen zur Hilfe herbei. Damit schuf sie die Situation, die der im XXVI. Kapitel des *Principe* herbeigewünschte Fürst heilen soll. Der römischen Kurie ist also zu verdanken, daß ein geteiltes und zerstrittenes Italien unter der Besatzung der Barbaren schmachtet.

Wenn auch Rom eine politisch negative Funktion im nationalen Leben Italiens gespielt hat, so ist damit noch lange nicht die politisch positive Funktion der Religion in Frage gestellt. Wie Machiavelli in den *Discorsi* anhand des Numa Pompilius zeigt, spielt die Religion eine zentrale Rolle für die Errichtung eines Gemeinwesens: Indem die neugeschaffenen Institutionen eine religiöse Legitimation erhalten, werden sie respektwürdig. Dabei spielt es keine Rolle, ob diese Legitimation mit irgendeiner religiösen Wirklichkeit, also mit einer wirklich gegebenen transzendenten Welt übereinstimmt. Auch hier zählt einzig und allein die *verità effettuale*, also das, was der religiöse Glaube bewirkt. Dabei ist es wichtig, daß dieser Glaube von Zeremonien umgeben wird, wie dies etwa in Rom der Fall war. Echte oder unechte Wunder müssen stets von neuem im Volk den notwendigen Respekt und damit auch die Gottesfurcht hervorrufen. Wie Machiavelli betont, bilden die Zeremonien das eigentliche Fundament der Religion.

Die Religion spielt auch eine Rolle für das von uns in diesem Buch immer und immer wieder hervorgehobene Thema des Böse-Seins. So heißt es etwa in den *Discorsi*: „Denn wo es keine Gottesfurcht gibt, da wird dieses Königreich zugrunde gehen, oder es wird durch die Furcht gegenüber einem Fürsten aufrechterhalten werden, der die Mängel der Religion gutmacht" (D I, 11: 94). Die Furcht vor einer Bestrafung im Jenseits kann die Menschen davon abhalten, ehrgeizig zu sein – oder doch zumindest aus Ehrgeiz zu handeln –, und kann sie demnach auch davon abhalten, ihre Mitmenschen zu verletzen. Die Religion erfüllt somit dieselbe Funktion wie der Fürst, mit dem Unterschied allerdings, daß sie diese Funktion ohne Gewaltanwendung erfüllen kann. Wenn jemals Gewalt angewendet werden soll, dann höchstens im Jenseits, und nur gegenüber denjenigen, die das Gemeinwesen durch ihren übermäßigen Ehrgeiz bedroht haben. Wenn nun der religiöse Glaube seine ‚Aufgabe' erfüllt, dann wird er den Fürsten vor dem Bösewerden-Müssen bewahren. Denn wenn die Menschen nicht mehr aus Ehrgeiz böse handeln, dann verschwindet auch die Furcht vor ihresgleichen, und damit automatisch auch die Notwendigkeit, aus Angst vor ihresgleichen böse zu handeln.

Die Religion macht somit ein Fürstentum möglich, in welchem der Fürst gut sein kann. Allerdings wird er nur so lange gut sein können, wie die Religion ihre Aufgabe erfüllt. Und die Religion wird nur so lange ihre Aufgabe erfüllen, wie die Menschen an sie glauben. Wo nun aber, wie in Rom, die höchsten religiösen Würdenträger auf eine Weise leben, welche den Prinzipien der von ihnen vertretenen Religion diametral widersprechen, fällt die Mißachtung nicht nur auf diese religiösen Würdenträger, sondern auch auf die Religion selbst. Unter diesen Umständen wird man sich die Frage stellen können, ob im kirchlichen Fürstentum Rom die Dinge wirklich so glatt ablaufen, wie Machiavelli dies – mit der ihm eigenen Ironie – im elften Kapitel des *Principe* darstellt.

In diesen Kontext gehört auch der im *Principe* formulierte Gedanke, demzufolge der Fürst religiös erscheinen soll (P XVIII: 284). Wenn die Menschen nämlich glauben, daß der Fürst gottesfürchtig ist, werden sie davon ausgehen, daß er sie nicht ungerecht behandeln wird – denn Gott kann und wird einen ungerechten Fürsten bestrafen. Sie werden demnach in ihren Fürsten vertrauen. Oder anders formuliert: Sie werden keine Angst vor einer ungerechten Behandlung durch ihren Fürsten haben. Und wenn sie keine Angst haben, verschwindet auch eines der Motive, das böses Handeln notwendig macht. Wo der Fürst also auf die Religiosität seiner Untertanen zählen kann, verschwindet für ihn die Notwendigkeit, böse zu sein, und wo die Untertanen auf die Religiosität ihres Fürsten zählen können, verschwindet für sie die Notwendigkeit, böse zu sein.

Ein aufgeklärter Geist wird sicherlich die Möglichkeit eines solchen idealen Gemeinwesens in Frage stellen wollen. Mag auch Numa Pompilius seine noch unzivilisierten Mitbürger zum Glauben bewegt haben, er rede tatsächlich mit einer Nymphe, so scheint doch ein zivilisiertes Volk kaum derart manipulierbar zu sein. Machiavelli ist sich dessen nicht so sicher. So stellt er z.B. in den *Discorsi* fest, Savonarola sei es gelungen, den Florentinern einzureden, er spräche mit Gott. Das florentinische Volk „scheint nun aber weder unwissend noch roh zu sein". Womit bewiesen wäre, daß es nicht unmöglich ist, auch solche Menschen zur Gottesfurcht zu überreden – und hier sollte man auf keinen Fall den ironischen Unterton überhören –, „die zivilisiert sind und von sich glauben, sie seien nicht roh" (D I, 11: 94).

Ob Machiavelli tatsächlich daran geglaubt hat, man könne auf Dauer ein zivilisiertes Volk an der Nase herumführen, wie Numa Pompilius es seiner Zeit getan haben soll, sei dahingestellt. Was uns hier interessiert, ist das von Machiavelli aufgeworfene Problem: Wie läßt sich eine institutionelle Ordnung aufrechterhalten? In den *Istorie* wird er festhalten, „daß keine Ordnung stabil ist, wenn man ihr keinen Verteidiger gibt" (IF II, 5: 661). Eine Ordnung, mit anderen Worten, hält sich nicht selbst aufrecht. Insofern sie den Ehrgeiz der ihr unterworfenen Menschen unterdrückt, um somit das *vivere civile* zu ermöglichen, ist davon auszugehen, daß bestimmte dieser Menschen sich gegen die Ordnung auflehnen werden.

Hier kann man nun präventiv oder kurativ vorgehen. Man kann einerseits verhindern, daß die Ehrgeizigen sich trauen, die Ordnung mit Gewalt anzufechten. Sowohl die Waffen wie auch die Religion können diese präventive Funktion erfüllen, denn beide schrecken ab. Ist nun aber der Angriff erfolgt, was voraussetzt, daß bestimmte Menschen sich nicht mehr durch eine hypothetische Bestrafung im Jenseits abschrecken lassen, dann muß auf die Waffen zurückgegriffen werden – und d.h., daß die bloß angedrohte Bestrafung erfolgen wird. Aber das setzt voraus, daß diejenigen, die die Waffen bedienen, noch an die zu schützende Ordnung glauben und dementsprechend auch bereit sind, notfalls für sie zu sterben. Die Krise der religiösen Legitimität läßt somit die Notwendigkeit entstehen, zu den Waffen zu greifen. Aber wenn die in *Dell'arte della guerra* gemachte Aussage stimmt, daß gute Waffen religiöse Menschen voraussetzen, darf die Krise der religiösen Legitimität nicht auch das Heer ergreifen. Folglich versteht man, daß Machiavelli in seinem Dialog darauf hinweist, daß man in der Miliz die Mühe verdoppeln soll, die man im zivilen Leben anwendet, um die Soldaten treu, friedliebend und gottesfürchtig zu machen.

Bevor wir zum nächsten Teil des Kapitels übergehen, soll die bislang allgemein gehaltene Rede von *der* Religion differenziert werden. Im zweiten Kapitel des zweiten Buches der *Discorsi* stellt Machiavelli nämlich die antike der modernen Religion gegenüber. Die antike Religion – und damit ist in erster Linie die Religion der Römer gemeint – legte einen großen Wert auf das weltliche Leben und auf die diesem Leben eigenen Werte, wie z.B. Ruhm. Die von ihr verehrten Männer waren Heerführer und leitende Gestalten der Republiken (principi di republiche) (D II, 2: 149). Im Gegensatz dazu steht die moderne Religion, also das Christentum: Dieses ruft die Menschen zur Abkehr von allem Weltlichen auf. Sie sollen Sanftmut üben und sich dem kontemplativen Leben hingeben.

Dieser Unterschied dient Machiavelli als Erklärungsgrund dafür, daß die antiken Völker sich resoluter für die Freiheit eingesetzt haben als die modernen, vom Geist des Christentums geprägten Völker es tun. Wer glaubt, daß er im Jenseits ewig frei sein wird, wenn er in diesem Leben auf den Gebrauch von Gewalt verzichtet, der wird seine Freiheit wahrscheinlich nicht mit Gewalt verteidigen und auch nicht die Bereitschaft in sich aufkommen lassen, dies zu tun. Wenn der Autor demnach dafür plädiert, die Gottesfurcht der Soldaten zu fördern, so ist damit nicht die Furcht vor dem christlichen Gott der Liebe gemeint.

Machiavelli macht dann noch auf eine andere Konsequenz der Verbreitung des Christentums aufmerksam: „Diese Lebensweise hat also anscheinend die Welt schwach gemacht und sie den bösen Menschen (uomini scelerati) zur Beute gegeben; diese können sie in aller Sicherheit lenken, da sie feststellen, wie die Gesamtheit (università) der Menschen mehr daran denkt, die Beleidigungen zu ertragen, als sie zu rächen, um ins Paradies zu kommen" (ebd.: 149-50). Wer also von vornherein auf den Gebrauch böser Mittel verzichtet, der überläßt den Bösen das Feld. Oder anders formuliert: Um die Erlangung des Paradieses willen, lassen die Christen zu, daß die Welt zur Hölle wird.

5. Die Fortuna

Im Jahre 1520 wird Machiavelli nach Lucca geschickt, um dort die Interessen einiger florentinischer Kaufleute zu verteidigen. Er wird diese Gelegenheit nutzen, um eine kurze Biographie Castruccio Castracanis, eines lucchesischen Condottieres zu schreiben. Dieser Text, der in der von uns benutzten Gesamtausgabe vierzehn Seiten umfaßt, ist durch und durch von der Problematik der Fortuna geprägt. Gleich im ersten Satz heißt es, daß Fortuna alle, oder doch fast alle jene Menschen, die jemals Großes vollbracht haben, in einer bescheidenen sozialen Umgebung auf die Welt kommen ließ (TO: 615). Und im letzten Abschnitt lesen wir, daß man in Lucca noch Zeichen der guten, wie auch der schlechten Fortuna Castracanis sehen kann. Und die Biographie schließt mit dem Satz: „Und weil er zu seinen Lebenszeiten weder Philipp von Mazedonien, dem Vater Alexanders, noch dem Römer Scipio in nichts nachstand, starb er im selben Alter wie der eine und der andere; und ohne Zweifel hätte er sowohl den einen wie den anderen überflügelt, wenn er, statt Lucca, Mazedonien oder Rom als Heimat gehabt hätte" (TO: 628).

Castracani ist für den späten Machiavelli die paradigmatische Figur eines Menschen, der dem Schicksal, der Fortuna, ausgeliefert ist. Dem auf dem Sterbebett liegenden Castruccio legt Machiavelli folgende Worte in den Mund: „Aber Fortuna, die über alle menschlichen Angelegenheiten bestimmen will (vuole essere arbitra), hat mir nicht jene Urteilskraft (giudicio) gegeben, mit der ich sie hätte frühzeitig erkennen können, noch genügend Zeit, damit ich sie hätte überwältigen (superare) können" (TO: 625). Castracani sagt hier nicht, daß Fortuna über alle menschlichen Angelegenheiten bestimmt, sondern daß sie über sie bestimmen *will*. Damit erscheint die Geschichte als ein Konflikt zwischen dem Menschen und der Fortuna, die beide über die menschlichen Angelegenheiten bestimmen wollen. Aber wie aus der Biographie Castracanis hervorgeht, entscheidet die Fortuna, ob, wann und wie der Kampf stattfindet. Kein Mensch hätte jemals darüber entscheiden können, ob ein Mensch wie Castruccio im antiken Mazedonien oder Rom oder im mittelalterlichen Lucca geboren werden sollte. Die Fortuna ‚wollte', daß er in Lucca zur Welt kommt. Eine ähnliche Bemerkung gilt für die Urteilskraft und die Zeit, wie der unglückliche Castruccio selbst zugibt: Die Fortuna hat ihn nicht mit genügender Urteilskraft und mit genügend Zeit ausgestattet, um sie zu besiegen. Die Fortuna, so Machiavelli, war die Feindin (inimica) von Castruccios Ruhm: „[A]ls es Zeit war, ihm Leben zu geben, hat sie es ihm genommen und hat jene Projekte unterbrochen, die er schon seit langer Zeit in die Wirklichkeit umsetzen wollte und an deren Verwirklichung ihn einzig und allein der Tod hindern konnte" (TO: 625).

Im Kampf, den sie mit dem Menschen führt, scheint der Tod die stärkste Waffe zu sein, deren sich Fortuna bedient, um ihre Macht zu zeigen. Der Mensch kann vieles berechnen, nur nicht den genauen Augenblick, in dem er sterben wird. Diesen Zusammenhang zwischen der Fortuna und dem Tod finden wir auch im *Principe* wieder, genauer in jenem Kapitel des Traktates, in dem Machiavelli Cesare Borgia als Musterbeispiel eines *principe nuovo* vorstellt. Borgia ist zwar letztendlich gescheitert, aber, so Machiavelli in der ersten Hälfte des Kapitels, dieses Scheitern war nicht seine Schuld, sondern ist auf eine ihm extrem schlechtgesinnte Fortuna zurückzuführen (P VII: 266). Borgia war der Sohn des Papstes Alexander VI., und es war dieser Papst, der ihm den Weg eröffnet hatte, um die Macht über einen großen Teil Nord- und Mittelitaliens zu erlangen. Nun starb aber der Papst, wodurch Borgia eine seiner wichtigsten Stützen verlor. Hinzu kam, daß der Herzog von Valence genau zur selben Zeit ziemlich schlimm erkrankte und somit nicht mehr fähig war, die zur Festigung seiner Macht notwendigen Entscheidungen zu treffen. Und diese Krankheit scheint der wesentliche Faktor zu sein, der seinen Aufstieg gebremst hat: „Aber wenn er zur Zeit des Todes Alexanders gesund gewesen wäre, wäre alles leicht für ihn gewesen. Und er sagte mir als Julius II. zum Papst gewählt wurde, daß er an das gedacht hatte, was nach dem Tod des Vaters geschehen könnte, und daß er für alles ein Heilmittel gefunden hatte, bloß daß er niemals daran gedacht hatte, daß er zum Zeitpunkt dessen Todes selbst im Sterben liegen könnte" (ebd.: 268). Und Machiavelli ist davon überzeugt, daß nur (solo) das kurze Leben Alexanders und seine eigene Krankheit Borgia daran gehindert haben, seine Pläne zu verwirklichen. Wenn er also auch diese Möglichkeit erwogen hätte, wäre er weiter auf der Welle des Erfolges geschwommen.

Daß der Tod des Papstes und die Krankheit Cesare Borgias zeitlich zusammenfielen, ist das Werk der dem Herzog schlechtgesinnten Fortuna. Aber daß Cesare die Möglichkeit nicht erwogen hat, daß beide Ereignisse zusammenfallen könnten, scheint nicht allein der schlechtgesinnten Fortuna zuzuschreiben. Ein Mann wie er hätte auch diese Möglichkeit ins Auge fassen müssen und die für diesen Fall angemessenen Maßnahmen vorsehen sollen. Hier wird schon eine Relativierung des ursprünglichen Urteils Machiavellis über Cesares Schicksal spürbar. Diese Relativierung wird dann noch spürbarer am Ende des Kapitels. Hier sagt Machiavelli ganz offen, daß der Herzog einen Fehler beging (errò), als er nichts unternahm, um zu verhindern, daß San Piero di Vincolo unter dem Namen Julius II. zum neuen Papst gewählt wurde (ebd.: 269). Diesen Papst hatte Cesare nämlich in der Vergangenheit beleidigt, und er hätte wissen müssen, daß man sich vor Leuten in acht nehmen muß, die man beleidigt hat und denen dann Macht übertragen wird. Kann man Cesare nicht vorwerfen, in dem Augenblick krank geworden zu sein, als Papst Alexander VI. starb, so kann man ihm vorwerfen, nicht die angemessene Entscheidung hinsichtlich der Wahl eines neuen Papstes getroffen zu haben.

Vor dem Hintergrund dieses Beispiels wird man das berühmte XXVI. Kapitel des *Principe* lesen können, ein Kapitel, in dem die Frage beantwortet werden soll, „welchen Anteil die Fortuna an der Bestimmung der menschlichen Angelegenheiten hat und wie man sich ihr widersetzen kann" – so die Überschrift. Wie wir schon anläßlich unserer Diskussion der Castracani-Biographie gesehen haben, will die Fortuna die Gesamtheit der menschlichen Angelegenheiten bestimmen. Diesem Willen setzt sich aber der menschliche Wille entgegen, und es ist zu klären, ob, inwiefern und wie dieser Wille sich überhaupt dem Willen der Fortuna entgegensetzen kann.

Im XXV. Kapitel des *Principe* bemerkt Machiavelli zuerst, daß es Autoren gibt, die die Meinung vertreten, die menschlichen Angelegenheiten unterlägen ganz einer höheren Macht, so daß die Menschen eigentlich nichts unternehmen könnten, um diese Angelegenheiten zu verbessern (correggerle). Diese Autoren meinen, die Menschen sollten sich einfach ihrem Schicksal hingeben und sich der gegebenen Situation anpassen, statt sie verbessern zu wollen. Machiavelli gibt auch eine schon fast sozialpsychologische Erklärung für diese weitverbreitete Auffassung: Weil die Menschen die Zustände ständig um sich herum sich ändern sehen, sind sie nicht mehr in der Lage, zuverlässige Prognosen zu machen, und da sie keine solchen Prognosen mehr machen können, glauben sie, die Ereignisse unterlägen ganz dem Zufall. Wo die Möglichkeit eines rationalen Verstehens der Wirklichkeit nicht mehr besteht, wird auch die Möglichkeit einer rationalen Gestaltung dieser Wirklichkeit in Frage gestellt.

Würde man diese Ansicht als *verità effettuale* akzeptieren, d.h. als eine Wahrheit, welche dem menschlichen Handeln die zu verwirklichenden Ziele vorgibt, dann würde Machiavellis ganzes Projekt zusammenbrechen. Machiavelli will nämlich eine Verbesserung der gegebenen Zustände, und zwar sowohl der Zustände seiner Heimatstadt Florenz wie auch seiner italienischen Heimat. Machiavelli gibt nun zwar zu, daß auch er manchmal (qualche volta) und teilweise (qualche parte) eine solche Auffassung betreffend die menschlichen Angelegenheiten teilte. Aber dieses ehrliche Zugeständnis weicht dann vor folgender Behauptung zurück: „Und trotzdem, damit unser

Handeln aus freier Willkür nicht vernichtet werde, glaube ich, daß es wahr sein könnte, daß Fortuna die Hälfte unserer Handlungen bestimmt, aber daß sie uns gleichsam über die andere Hälfte oder so bestimmen läßt" (P XXV: 295).

Man beachte hier die Vorsicht in der Formulierung: Er glaubt, es *könne* wahr sein, daß die eine Hälfte der menschlichen Angelegenheiten vom Menschen und die andere von der Fortuna bestimmt wird. Machiavelli ist hier nicht daran interessiert, eine ontologische Wahrheit betreffend die menschliche Freiheit zu formulieren, sondern vielmehr die Möglichkeit einer bestimmten Deutung des menschlichen Seins offen zu lassen, und zwar jener Deutung, die dem Menschen Hoffnung geben kann, die menschlichen Angelegenheiten doch noch verbessern zu können.

Wie ist die von Machiavelli erwähnte Verteilung zu verstehen? Sicherlich nicht in einem rein quantitativen Sinne, so als ob wir über jede zweite Handlung verfügen könnten, während die restlichen von der Fortuna bestimmt werden. Machiavelli will vielmehr sagen, daß jeder, der etwas vorhat, davon ausgehen muß, daß bestimmte Faktoren vorgegeben sind, unabhängig von seinem Willen, wohingegen andere Faktoren durch seine Entscheidungen mitbestimmt werden können.

So hing es z.B. nicht von Borgia ab, daß er krank wurde, als sein Vater starb, aber es hing von ihm ab, daß er seine Pläne geschmiedet hatte, ohne diesen Fall vorherzusehen. Die Frage stellt sich dann natürlich, ob der Besitz der Fähigkeit, diesen Fall vorherzusehen, von Borgia abhängt. Hatte Castracani nicht auf seinem Sterbebett gemeint, die Fortuna hätte ihm nicht jene Urteilskraft gegeben, mit der er ihre Pläne hätte erkennen können? Aber was ist genau damit gemeint: Will Castracani bloß sagen, daß es ihm nicht möglich war zu erkennen, welche der vielen Möglichkeiten Fortuna verwirklichen würde? Oder wollte er damit sagen, daß er nicht einmal in der Lage war zu erkennen, welche Möglichkeiten es gab? Ist dem Menschen also nur die Erkenntnis der zukünftigen Wirklichkeit versperrt oder auch diejenige der zukünftigen Möglichkeiten? Borgia konnte sicherlich nicht wissen, daß der Tod des Papstes und seine eigene Erkrankung gleichzeitig stattfinden würden, aber es wäre sicherlich übertrieben zu behaupten, er wäre nicht in der Lage gewesen, sich die Möglichkeit des gleichzeitigen Eintretens der Ereignisse vorzustellen. Schließlich war dieses gleichzeitige Eintreten sozusagen der schlimmstmögliche Fall für ihn. Und sollte ein vorsichtiger Fürst oder Condottiere nicht immer vom schlimmstmöglichen Fall ausgehen? Denn ist es nicht der Eintritt des schlimmstmöglichen Falles, der den Rückgriff zur größten Grausamkeit notwendig macht? Somit muß der Fürst zunächst alles unternehmen, damit dieser Fall nicht eintritt. Kann er dieses Eintreten nicht abwenden, so sollte er alles so einrichten, daß er den geringsten Schaden davonträgt.

Dieser Gedanke scheint in Machiavellis Flußbeispiel durchzuschimmern: Wo Menschen in der Nähe eines Flusses leben, von dem sie wissen, daß er wild werden und die ganze Gegend überschwemmen und zerstören kann, werden sie diesen für sie schlimmsten Stand des Flusses ins Auge fassen und die notwendigen Vorkehrungen treffen, damit der wild gewordene Fluß so wenig Schaden wie möglich anrichten kann. Was also vom Menschen abzuhängen scheint, sind die Vorkehrungen gegen die Macht der Fortuna. Denn die Fortuna, so Machiavelli, „beweist ihre Macht dort, wo man keine *virtù* vorgesehen hat (non è ordinata virtù), die ihr widerstehen soll" (ebd.).

Mit der *virtù* ist die große Kontrahentin der Fortuna genannt. Wer etwas an den menschlichen Angelegenheiten ändern will, muß den Willen und die Kraft haben, den Kampf gegen Fortuna aufzunehmen, genauso wie derjenige, der eine Überflutung verhindern will, den Willen und die Kraft haben muß, Deiche zu bauen oder Kanäle zu graben, welche eine Umleitung des Flusses erlauben. Wo dieser Wille und diese Kraft fehlen, wird man den Lauf der Dinge nicht aufhalten und dementsprechend auch nicht verbessern können, wo eine Verbesserung möglich ist.

Diese *virtù* hat man, oder man hat sie nicht. Aber das bloße Haben der *virtù* ist noch nicht gleichbedeutend mit ihrer Veräußerlichung, genausowenig wie es notwendigerweise Erfolg verspricht. Castruccio Castracani war ein *uomo virtuoso*, und dasselbe gilt für Cesare Borgia, aber beide scheiterten trotzdem. Wie *virtuoso* ein Mensch auch immer sein mag, und wie sehr seine *virtù* ihn auch über die ‚normalen' Sterblichen stellen mag, so bleibt er doch anfällig für die Krankheit und kann wie jeder andere auch krank und damit handlungsunfähig werden. Die höchste *virtù* würde sich in demjenigen zeigen, der nicht nur zu seiner eigenen Lebenszeit alle Vorkehrungen trifft, damit seine Pläne nicht vereitelt werden, sondern der auch Vorkehrungen trifft, die es ermöglichen sollen, daß auch nach seinem Tod die Verwirklichung seiner Pläne möglich sein wird.

Für ein das Gemeinwesen auf das *vivere civile* hin ordnenden Gesetzgeber oder Fürsten bedeutet das, daß er alle Maßnahmen treffen wird, damit das *vivere civile* auch noch nach seinem Tode möglich bleibt. Er soll nicht davon ausgehen, daß eine den Menschen wohlgesinnte Fortuna das *vivere civile* aufrechterhalten wird. Im Gegenteil, genauso wie er Machiavelli zufolge davon ausgehen soll, daß alle Menschen böse sind und nur unter dem Druck der Notwendigkeit gut handeln, sollte der weise Gesetzgeber davon ausgehen, daß die Fortuna den Menschen gegenüber schlecht gesinnt ist. Das Gedicht ‚Di fortuna' schließt etwa mit der Feststellung, daß die Fortuna einen Menschen zunächst hochträgt, um ihn dann fallen zu lassen und sich über diesen Fall zu freuen (TO: 979). Man könnte dies auch auf eine Gemeinschaft anwenden: Die Fortuna läßt eine Gemeinschaft den höchsten Grad des *vivere civile* erreichen, um sie dann in die blutigsten Bürgerkriege zu stürzen. Die unsichtbare Hand der Fortuna ist also eher eine die menschlichen Ordnungen zerstörende, als eine sie schaffende oder erhaltende Kraft. Deshalb ist es wichtig, daß man angemessene Institutionen entwickelt, um die negativen Wirkungen der Fortuna zumindest teilweise zu kontrollieren. Die *virtù* des ordnenden Fürsten muß sich in eine *virtù* der Institutionen verwandeln, wenn die zivilisierenden Errungenschaften des Fürsten auf die Dauer gesichert werden sollen. Und auch dann muß diese *virtù* der Institutionen periodisch wieder durch die *virtù* eines außerordentlichen Menschen neu belebt werden, denn alles in dieser Welt folgt einer Tendenz zur Verschlechterung und Korrumpierung.

Ist der Besitz der *virtù* nicht nur eine notwendige, sondern auch schon eine hinreichende Bedingung, um Großes zu vollbringen? Hier sind zwei Aspekte zu berücksichtigen: Die *qualità dei tempi* und die individuelle Natur des einzelnen.

Der *uomo virtuoso* wird seine *virtù* nur dort angemessen zeigen können, wo die Situation es ihm erlaubt. Lucca war nicht Rom, so daß Castracani nicht seine ganze *virtù* äußern konnte. Wenn die Geschichtsbücher heute die Namen Philipps und Scipios und nicht denjenigen Castracanis zurückbehalten, so nicht, weil Castracani dem Mazedonier und dem Römer an *virtù* nachgestanden hätte, sondern weil er einfach nicht die Gelegenheit hatte, solche Handlungen wie sie zu vollbringen, und dies obwohl er hierzu fähig gewesen wäre, sie zu vollbringen. Die *virtù* ist also immer auf Bedingungen angewiesen, die es ihr erlauben, sich zu äußern. Diese Bedingungen bieten der *virtù* die Gelegenheit, sich zu äußern, und bieten damit auch dem Menschen die Gelegenheit zu zeigen, daß er der Fortuna gewachsen ist.

Aber die Gelegenheit muß doch beim Schopfe gepackt werden. Wie Machiavelli es in seinem kurzen Gedicht ‚Dell'occasione' der personifizierten Gelegenheit sagen läßt: „Meine dünn gesäten Haare halte ich vor mich hin; / mit ihnen bedecke ich mir die Brust und das Gesicht, / damit niemand mich erkennt, wenn ich komme. / Am Hinterkopf fehlt mir jedes Haar, / so daß jemand sich unnütz bemüht, wenn es passiert, / daß ich an ihm vorbei gegangen bin oder ihm den Rücken gewandt habe" (TO: 987). Von Cesare Borgia und seinem Vater Alexander heißt es in einem Text Machiavellis (‚Del modo di trattare i popoli della Valdichiana ribellati'), sie seien „Kenner der Gelegenheit, die sie auf ausgezeichnete Weise zu benutzen wußten" (TO: 15). Der *uomo virtuoso* erscheint hier als jemand, der die ihm von der Fortuna gebotene Gelegenheit zu erkennen und optimal zu nutzen vermag. Er muß also gleichzeitig über die notwendige Urteilskraft wie auch über den nötigen Willen verfügen. Ob sich aber eine Gelegenheit bietet oder nicht, ob sich also die ‚Qualität der Zeiten' für eine *azione virtuosa* eignet oder nicht, hängt von der Fortuna ab.

Aber angenommen, jemand erkennt die sich ihm bietende Gelegenheit und hat auch den Willen, diese Gelegenheit zu ergreifen. Wird er dann automatisch richtig handeln? Hier taucht ein neuer Faktor auf, nämlich die individuelle Natur des einzelnen. Machiavelli stellt zunächst fest, daß sowohl der grausame Hannibal wie auch der sanfte Scipio erfolgreich waren. Er erklärt dies zunächst durch die *qualità dei tempi* (P XXV: 296). Hätte Hannibal die Güte Scipios angewendet, wäre er gescheitert, und hätte Scipio die Grausamkeit Hannibals angewendet, wäre auch er gescheitert. Hannibal lebte unter Umständen, in denen die Grausamkeit nötig war, um Großes zu erreichen, Scipio lebte unter solchen, in denen auch, wenn nicht sogar ausschließlich, die Güte Großes bewirken konnte.

Die *qualità dei tempi* ist nicht ein für allemal gegeben. Sie ändert sich, und aus einer Zeit, in der Güte möglich, wenn nicht sogar notwendig ist, wird eine Zeit, in der Grausamkeit erforderlich ist. Und hier stellt sich dann die Frage, ob das Individuum sich der neuen Situation anpassen kann. Machiavelli scheint dies in Frage zu stellen: „Und es wird sich kein derart vorsorglicher (prudente) Mensch finden, der sich dieser Situation wird anpassen können; einerseits, weil er nicht von dem abweichen kann, wozu ihn die Natur tendieren läßt; andererseits aber auch, weil jemand, wenn ihm ein bestimmter Weg immer günstig gewesen ist, sich nicht davon überzeugen läßt, von diesem Weg abzuweichen. Und deshalb kann der zaghafte (rispettivo) Mensch nicht mit Entschlossenheit handeln (venire allo impeto), wenn die Zeit dafür gekommen ist; weshalb er zugrunde geht; und wenn er mit der Zeit und mit den Umständen seine Natur änderte, so würde Fortuna sich nicht ändern" (ebd.).

Machiavelli unterscheidet hier zwischen einer ersten und einer zweiten Natur. Die erste Natur entspricht dem natürlichen Charakter eines Menschen: Die einen sind von Natur aus mutiger, entschlossener usw. als die anderen. Die zweite Natur entspricht den Gewohnheiten: Wen bisher eine bestimmte Handlungsweise immer zum Erfolg geführt hat, wird sich wahrscheinlich auch in Zukunft an diese Handlungsweise halten. Wenn die Zeiten sich nicht ändern würden, dann könnte man an einer bislang erfolgreichen Handlungsweise festhalten. Aber die Zeiten ändern sich, und wenn der Mensch es nicht fertigbringt, sich den geänderten Zeiten anzupassen, wird Fortuna sich von ihm abwenden. Im Gedicht ‚Di fortuna' heißt es diesbezüglich: „Und da Du Deine Person nicht ändern kannst, / und auch nicht die Natur (ordin) verlassen kannst, die Dir der Himmel gibt, / verläßt sie [scil. Fortuna N.C.] Dich auf halbem Weg" (TO: 978). Wer sich nicht ändern kann, den bestraft Fortuna. Auch wenn wir davon ausgehen, daß die erste Natur sich nicht ändern oder beeinflussen läßt, so gilt das nicht für die zweite Natur. Hier stellt sich dann die Frage, welche Handlungsweise der Mensch sich zur Gewohnheit machen soll – vorausgesetzt, seine erste Natur erlaubt es ihm, sich beliebige Handlungsweisen zur Gewohnheit zu machen. Die Antwort unseres Autors auf diese Frage nimmt die Form eines Vergleiches an, der auf ein doch zumindest problematisches Frauenbild Machiavellis schließen läßt: „Dies scheint mir fest zu stehen: daß es besser ist, ungestüm zu sein als zaghaft, denn Fortuna ist eine Frau, und es ist notwendig, wenn man sie unter sich haben will, daß man sie schlägt und Gewalt gegen sie anwendet. Und man sieht, daß sie sich eher durch diese besiegen läßt als durch jene, die mit Zaghaftigkeit vorgehen; und deshalb ist sie immer, als Frau, Freundin der Jüngeren, denn sie sind weniger zaghaft, grausamer und befehlen ihr mit mehr Kühnheit" (P XXV: 296). Wer Fortuna besiegen will, muß also den Kampf mit ihr aufnehmen, muß also den Willen zeigen, die Dinge nach seinen eigenen Plänen zu ändern. Aber er muß auch in der Lage sein, sich den stets ändernden Bedingungen anzupassen. Deshalb auch Machiavellis Rat an den *principe nuovo*: Er muß sowohl gut wie auch böse sein können. Wer nur böse sein kann, der wird scheitern, wenn Fortuna eine Lage schafft, in der Güte notwendig ist, und wer nur gut sein kann, der wird scheitern, wenn Fortuna eine Lage schafft, in der böses Handeln notwendig ist.

6. *Patria vs. anima*

In der politischen Philosophie wird der Unterschied zwischen dem Tyrannen und dem guten Herrscher oft folgendermaßen bestimmt: Ein Tyrann ist jemand, der seine Macht ausschließlich zugunsten seiner privaten Interessen ausübt, und wenn er jemals eine Handlung ausübt, die auch den Interessen Fremder dienlich zu sein scheint, so tut er dies nur, weil es auch in seinem Interesse liegt, die Interessen Fremder zu fördern.[4] Im

Gegenteil zum Tyrannen übt der gute Herrscher seine Macht zugunsten seiner Untertanen aus und hat nur deren Interesse im Auge, unabhängig davon, ob die Verwirklichung dieses Interesses ihm selbst Vorteile oder Nachteile bringt. Bei dieser Unterscheidung wird vorausgesetzt, daß von den materiellen und weltlichen Interessen des Herrschers die Rede ist. Der Tyrann herrscht, um sich selbst zu bereichern und um seine Machtsucht zu befriedigen, wohingegen es dem guten Herrscher darum geht, daß seine Untertanen sich bereichern und daß sie ihre legitimen Bedürfnisse befriedigen können.

Aber wie, wenn jetzt nicht die Befriedigung der materiellen, sondern diejenige – wenn es mir erlaubt ist, auch hier von Befriedigung zu sprechen – der spirituellen Interessen des Herrschers auf dem Spiel steht? Wenn es also nicht um das körperliche Wohl des Herrschers geht, sondern um sein spirituelles Wohl, mag dies in seinem guten Ruf, in seiner moralischen Integrität oder in seinem ewigen Seelenheil bestehen? Anders herum gefragt: Wie wird man über einen Herrscher urteilen müssen, der seiner eigenen moralischen Integrität oder seinem eigenen Seelenheil den Vorrang gibt vor den Interessen seiner Untertanen?

Cicero hat die Frage in seinem *De officiis* aufgeworfen und sie auf seine Art und Weise beantwortet: „Jene Frage muß man vielleicht stellen, ob dieses Gemeinschaftsgefühl, das der Natur am meisten gemäß ist – ob dies auch immer einzustufen ist vor dem Sinn für Maß und Mäßigung. Ich denke, nein. Denn es sind einige Handlungen teils so abschreckend, teils so schandbar, daß der Weise diese nicht einmal zur Rettung des Vaterlandes vollbringen wird. Sehr viele von ihnen hat Poseidonios zusammengestellt, aber manche so abstoßende, so widerwärtige, daß sie auch nur zu nennen schändlich erscheint. Diese also wird der Weise um des Gemeinwesens willen nicht auf sich nehmen; nicht einmal das Gemeinwesen wird wollen, daß das in seinem Interesse geschieht."[5] Hier wird ein Konflikt zwischen dem Gemeinschaftsgefühl und der Mäßigungspflicht konstruiert. Das Gemeinschaftsgefühl sagt dem Menschen, daß er seinesgleichen helfen, sie schützen und retten muß, wenn sich ihm die Gelegenheit dazu bietet. Die Mäßigung sagt ihm, daß er keine Handlungen ausführen soll, die ein bestimmtes

Maß und vor allem ein bestimmtes Maß an Bösem – der Begriff hier in einem ganz weiten und unspezifischen Sinn genommen – überschreiten. Was nun, wenn eine solche Handlung notwendig wird, um der Stimme des Gemeinschaftsgefühls zu folgen?

Ciceros Antwort ist unmißverständlich: Nicht alle Handlungen sind dem Menschen erlaubt, um sein Vaterland zu retten. Und wo das Vaterland nur durch eine abscheuliche Handlung gerettet werden kann, da soll der Weise es eher zugrunde gehen lassen, als es durch eine Handlung zu retten, die ihn um seine Ehre bringen wird. Die Bewahrung der individuellen Ehre des Weisen wird hier ganz deutlich über die Rettung des Vaterlandes gestellt. Cicero geht sogar so weit zu behaupten, daß die Mitglieder des Gemeinwesens lieber zugrunde gehen würden, als zu erwarten oder zuzulassen, daß jemand seine Ehre opfert, um sie zu retten. Der Autor scheint hier davon auszugehen, daß die Mitglieder des Gemeinwesens sich selbst entehrt fühlen würden, wenn sie erwarteten oder zuließen, daß einer von ihnen seine Ehre opfert. Und wenn man davon ausgeht, daß das Schlimmste, was einem Menschen geschehen kann, darin besteht, seine Ehre zu verlieren, dann werden die Mitglieder des Gemeinwesens das ‚kleinere' dem größeren Übel vorziehen.

War Cicero selbst vor dieser radikalen Stellungnahme erschrocken? Hegte er die Vermutung, daß seine Leser lieber doch der Rettung des Vaterlandes den Vorzug vor der Bewahrung der eigenen Ehre geben würden? Auch wenn wir eine Antwort auf diese Frage schuldig bleiben müssen, so scheint es uns doch für eine bestimmte Denkweise symptomatisch zu sein, wie Cicero nach seiner radikalen Stellungnahme fortfährt. Nach der eben zitierten Passage heißt es nämlich: „Aber diese Frage [scil: Was hat Priorität, das Vaterland oder die Ehre? N.C.] ist nicht so schwierig, weil die Situation gar nicht eintreten kann, daß es für das Gemeinwesen darauf ankommt, daß der Weise eine jener Handlungen ausführt."[6] Warum *kann* es nicht eintreten? Doch wohl nicht, weil dadurch der Handelnde vor einem tragischen Konflikt stehen würde, der, welche Entscheidung auch immer getroffen wird, doch immer ein äußerstes Opfer verlangt? Man versteht zwar, daß Cicero die Möglichkeit

solcher tragischen Konflikte aus seinem Weltbild heraushalten möchte, aber dieser Wunsch allein kann sie doch nicht abschaffen.
Cicero stellte die Frage aus einer heidnischen Perspektive. Man kann sie auch aus einer christlichen Perspektive stellen, obwohl dann einige Elemente der Grundsituation geändert werden müssen. Eines dieser Elemente sind die Bezugsnormen: Bei Cicero waren es die Regeln der *honestas*, der Ehrhaftigkeit; im Falle des Christentums sind es die göttlichen Gesetze. Ein anderes Element ist Gott selbst. Wer aus einer christlichen Perspektive heraus argumentiert, wird behaupten können, daß Gott die Welt so eingerichtet hat, daß es nicht zu dem von Cicero erwähnten tragischen Konflikt kommen kann. In manchen Situationen mag es zwar von einer begrenzten menschlichen Perspektive aus gesehen so erscheinen, als ob das Gemeinwesen nur durch eine äußerst sündhafte Handlung gerettet werden kann. Aber diese begrenzte Perspektive muß verlassen werden, sei es, weil das Unterlassen der Handlung dem Gemeinwesen zwar kurzfristig schadet, langfristig aber förderlich ist, oder sei es, weil das Begehen der sündhaften Handlung dem Gemeinwesen zwar kurzfristig förderlich ist, langfristig aber schaden wird – wobei es in beiden Fällen Gott ist, der die einen oder anderen Konsequenzen herbeiführen wird. Ungeachtet der Möglichkeit eines die tragischen Konflikte nicht zulassenden Gottes, haben die mittelalterlichen Theologen ihre Einbildungskraft darauf verwendet, Fälle zu konstruieren die, wenn sie auch vielleicht nicht die extremste Dimension des Tragischen erreichen, so doch die Notwendigkeit von Handlungen erwägen, die ethisch – aber auch kirchenrechtlich – problematisch sind. Führen wir hier nur das von Gérard d'Abbeville (13. Jahrhundert) in seiner Quaestio 13 konstruierte Beispiel an.[7] D'Abbeville stellt uns einen ungläubigen und tyrannischen Kaiser vor, der das Christentum vernichten will, und anscheinend auch über die Mittel verfügt, um sein Ziel zu erreichen. Von diesem Ziel kann er nur dadurch abgehalten werden, daß ihm eine Nonne zur Ehefrau gegeben wird. Da die Nonne ein Keuschheitsgelübde abgelegt hat, entsteht das Problem, ob der Papst sie von diesem Gelübde befreien kann. Die Heiligkeit des Gelübdes scheint dagegenzusprechen: Die Frau hat sich ganz Gott hingegeben und hat ihm geschworen,

nur ihm treu zu sein. Gérard läßt solche Argumente nicht gelten. In seinen Augen besteht hier eine Notsituation. Was auf dem Spiel steht, ist einerseits die durch ein Gelübde bekräftigte Keuschheit einer Frau, andererseits die Rettung des Christentums und der christlichen Gemeinschaft. Unter diesen Umständen darf der Papst das Gelübde auflösen und die Frau dem Kaiser geben.

Was Gérard bei seiner ganzen Diskussion voraussetzt, ist, daß auch Gott der Entscheidung, das Gelübde aufzuheben, zustimmen würde. Gott kann nicht wollen, daß das Christentum einem ungläubigen Kaiser zum Opfer fällt. Als oberste Regel würde hier gelten: *Salus christianitatis suprema lex esto* – Das Wohl der Christenheit soll das höchste Gesetz sein. Man wird sich natürlich berechtigterweise die Frage stellen können, ob Gérard auch noch damit einverstanden gewesen wäre, Handlungen zuzulassen, die evidenterweise gegen die Zehn Gebote oder andere fundamentale Normen verstoßen, wenn dadurch allein die Christenheit gerettet werden könnte. Wir sprechen hier selbstverständlich nicht von Verstößen gegen das Gebot ‚Du sollst nicht töten!', da hier die Kirche zur Genüge gezeigt hat, daß man töten darf, um das Christentum nicht nur zu retten, sondern sogar, um es zu verbreiten. Gemeint sind vielmehr jene zahlreichen sogenannten schändlichen Handlungen, angefangen bei der Homosexualität, der Abtreibung, der Zoophilie usw. Kann man wirklich jemandem zumuten, eine solche Todsünde zu begehen, um die christliche Gemeinschaft zu retten? Gérard hat unseres Wissens die Frage nicht aufgeworfen, aber vielleicht hätte er wie Cicero gesagt, daß die Frage leicht zu beanworten ist, da sie sich in der realen Welt nicht stellen kann.

Es ist vor diesem Hintergrund, daß man eine der scheinbar anrüchigsten Stellen aus Machiavellis Werken lesen muß. Schon die Überschrift des 41. Kapitels des dritten Buches der *Discorsi* gibt eine kleine Vorahnung auf das, was kommen wird: ‚Daß man das Vaterland verteidigen muß, ob auf unehrbare (con ignominia) oder auf rühmliche (con gloria) Weise; und auf beide Weisen ist es gut verteidigt'. Machiavelli beginnt das Kapitel mit einer Episode aus der römischen Geschichte. Die Samniten belagern eine römische Truppeneinheit. Sie haben ihr Bedingungen gestellt, welche gegen die Ehre eines römischen Bürgers verstoßen. Das Heil Roms hängt vom Schicksal dieses Truppenteils ab. In dieser Situation ergreift der römische Gesandte Lucius Lentulus das Wort und sagt, daß die Truppeneinheit sich mit allen Mitteln retten muß, also auch durch die Annahme der unehrbaren Bedingungen, welche die Samniten ihr gestellt haben, denn, so Lentulus, „wenn die Truppeneinheit sich rettet, dann wird Rom schon mit der Zeit die Schmach vergessen; wenn sie sich aber nicht rettet, dann wird Rom und seine Freiheit verloren sein, wie ruhmvoll die Truppen auch sterben werden" (D III, 41: 249). Und dann Machiavellis Kommentar zu dieser Episode und die Lehre, die aus ihr zu ziehen ist: „Welcher Bürger auch immer sich in einer Situation befindet, in welcher er dem Vaterland zu Rate stehen wird, muß sich dies notieren und es beachten: denn wo sich die Überlegungen ganz um das Heil des Vaterlandes drehen, darf man keine Rücksicht nehmen auf die Gerechtigkeit oder die Ungerechtigkeit, das Mitleid oder die Grausamkeit, den guten oder den schlechten Ruf; sondern, nachdem man jede andere Rücksicht zurückgestellt hat, ganz jenen Weg gehen, der ihm das Leben rettet und ihm seine Freiheit bewahrt" (ebd.).

Im Gegensatz zu Cicero, nimmt Machiavelli den Satz des römischen Zwölftafelgesetzes wirklich ernst: *Salus populi suprema lex esto* – Das Heil des Volkes sei das höchste Gesetz. Wo das Überleben des Vaterlandes auf dem Spiele steht, muß zunächst und auschließlich an dieses Überleben gedacht werden: Ob die dazu nötigen Mittel gerecht oder ungerecht sind, ob sie einem Ruhm bringen oder nicht, spielt keine Rolle. Weder das die Bewahrung der Ehre oder *honestas* gebietende Gesetz des Heiden Cicero noch das die Bewahrung der Güte gebietende Gesetz des Christentums stehen über dem politischen Gebot der Bewahrung des Allgemeinwohls und des Vaterlandes, das den Rahmen für die Verfolgung des Allgemeinwohls abgibt. Das Beispiel der belagerten Römer läßt dies deutlich erkennen: Mag es auch dem Selbstverständnis eines römischen Bürgers widersprechen, ansonsten unannehmbaren Bedingungen der Kapitulation zuzustimmen, so ist es doch immer besser, solchen Bedingungen zuzustimmen, um das schiere Überleben seiner Heimat zu garantieren und ihm somit zu erlauben, neue ruhmreiche Handlungen auszuführen, als diese Bedingungen abzulehnen, ruhmreich zu kämpfen und das Vaterland der Vernichtung zu überlassen. Es gilt in erster Linie, die Bedingungen der Möglichkeit neuer zukünftiger ruhmreicher Handlungen zu garantieren, mag dies auch durch eine einzelne äußerst ruhmlose Handlung geschehen.

Was in den *Discorsi* als allgemeine Lehre oder allgemeiner Rat vorgestellt wird, erhält in einem Brief Machiavellis an Francesco Vettori vom 16. April 1527 – am 21. Juni desselben Jahres stirbt Machiavelli – die Form eines privaten Geständnisses: „Ich mag den Herrn Francesco Guicciardini, ich liebe mein Vaterland mehr als die Seele (anima); und ich sage euch aufgrund jener Erfahrung, welche mir sechzig Jahre gegeben haben, daß wir uns niemals in einer schwierigeren Situation befunden haben als diese, wo der Friede notwendig ist, und man den Krieg nicht aufgeben kann, und wo wir einen Fürsten haben, der sich mit Anstrengung nur dem Frieden allein oder nur dem Krieg allein widmen kann" (TO: 1250-51).

Schon in den *Istorie* hatte Machiavelli von Bürgern gesprochen, die mehr das Vaterland als ihre eigene Seele liebten. Der Kontext war hier die Stadt Florenz im XIV. Jahrhundert, als sie einen Krieg mit dem Papst führte: „Der Krieg dauerte drei Jahre und endigte erst mit dem Tode des Papstes; und er wurde mit einer derartigen *virtù* und zur vollen Zufriedenheit des größten Teils der Bevölkerung (universale) geführt, daß das Amt der Acht jedes Jahr wieder neu verlängert wurde; und man nannte sie Heilige, auch wenn sie wenig von der über die Stadt ergangenen Exkommunizierung hielten und wenn sie sich der Güter der Kirchen bemächtigten und den Klerus zwangen, die Gottesdienste zu halten: so liebten jene Bürger damals mehr ihr Vaterland als die Seele" (IF III, 7: 695-6).

Es sind sicherlich solche Passagen wie die zwei eben angeführten, welche Machiavellis Position für einen Christen unannehmbar machen. Der Christ sollte davon ausgehen, daß es kein höheres Gut gibt, als das eigene Seelenheil. Oder, in einer weniger auf das handelnde Individuum ausgerichteten Weise ausgedrückt: Es gibt keine Normen, die mehr beachtet werden müssen als diejenigen, durch deren Mißachtung man sein Seelenheil aufs Spiel setzt. Wer sein Seelenheil opfert, handelt unter diesen Umständen nicht nur irrational – denn er opfert das höchste Gut, dessen er teilhaftig werden kann –, sondern auch unmoralisch – denn er mißachtet Normen, die absolut zu beachten sind.

In den von Machiavelli angesprochenen Situationen wird das eigene Seelenheil nicht geopfert, um seine Triebe und Lüste zu befriedigen. Wir haben es also nicht mit dem *libertin* zu tun, der bereit ist, seine ewige Seeligkeit aufs Spiel zu setzen, um während einigen Jahren ein lasterhaftes, seine Lüste befriedigendes Leben zu führen. Bei Machiavelli wird das eigene Seelenheil dem Heil des Vaterlandes untergeordnet. Und wer dieses Opfer bringt, denkt überhaupt nicht an sich selbst, weder an sein diesseitiges noch an sein jenseitiges Wohl. Für ihn gilt nur das Wohl des Vaterlandes.

Wer politische Verantwortung übernimmt, der muß, Machiavelli zufolge, bereit sein, sein Seelenheil zu opfern, um das Gemeinwesen zu retten, für dessen Wohl er die Verantwortung übernommen hat. Im Machiavellischen Weltbild sucht man vergebens nach einem Gott, der es nicht zu tragischen Konflikten zwischen den politischen und den moralischen oder religiösen Pflichten kommen läßt. Bei Machiavelli findet man keinen *deus ex machina*, der einen kurzfristigen Verlust in einen langfristigen Gewinn verwandelt und somit dem politisch Verantwortlichen erlaubt, immer den moralischen oder religiösen vor den politischen Pflichten den Vorrang zu geben – denn indem der politisch Verantwortliche die moralischen oder religiösen Pflichten erfüllt, wird Gott dafür sorgen, daß auch der Inhalt der politischen Pflichten sich erfüllt. Unter diesen Umständen verschwindet dann aber jede wahrhaft *politische Entscheidung*.

Ein gutes Beispiel für den Rückgriff auf einen *deus ex machina* bietet uns der spanische Jesuit Pedro de Rivadeneira. Im Jahre 1595 veröffentlicht er ein Buch, dessen überlanger Titel auch gleich die Zielscheibe des Werkes benennt: *Traktat über die Religion und die Tugenden, die der christliche Fürst beachten muß, um seinen Staat (sus Estados) zu regieren und zu erhalten, gegen das, was Nicolas Maquiavelo (sic !) und die* politicos *unserer Zeit lehren.*[8] Diese Schrift ist eines jener unzähligen Traktate, welche am Ende des XVI. und am Anfang des XVII. Jahrhunderts erschienen und in denen das Werk Machiavellis nicht um seiner selbst willen diskutiert wurde, sondern in denen der Konflikt zwischen Reform und Gegenreform durch gegenseitigen Vorwurf des Machiavellismus ausgetragen wurde.

In seinem Traktat wendet sich Rivadeneira an die Fürsten und legt ihnen ans Herz, sich nicht von Gott und von seinen Geboten abzuwenden. Sich deutlich von Machiavelli abgrenzend, rät er ihnen u.a., eher das ihnen anvertraute Gemeinwesen aufs Spiel zu setzen, als Gott zu beleidigen, denn wer es aus Liebe zu Gott verliert, der gewinnt es, und wer es durch Beleidigung Gottes gewinnt, der verliert es. Ein Beispiel Rivadeneiras wird uns zeigen, was sich hinter diesen jesuitischen Spitzfindigkeiten versteckt.

Während der *reconquista* wurden die Mauren aus Spaniern verjagt, was den katholischen Königen erlaubte, Spanien wieder zu einem christlichen Land zu machen. Da die verjagten Mauren eine Hauptstütze der Wirtschaft der iberischen Halbinsel bildeten, waren von ihrer Verjagung nicht nur positive Konsequenzen zu erwarten. Auch wenn dies vielleicht nicht der historischen Wirklichkeit entspricht, so könnte man sich doch vorstellen, daß vor der Verjagung der Mauren die Frage aufgeworfen wurde, ob man um des Sieges der christlichen Religion willen das spanische Wirtschaftsleben fast vollständig lahmlegen durfte, mit allen damit verbundenen Konsequenzen für die einzelnen Individuen. Sollte man also dem Heil der spanischen Wirtschaft oder dem Heil der christlichen Religion den Vorrang geben?

Rivadeneira zufolge sollten die negativen ökonomischen Konsequenzen keinen Einfluß auf die Entscheidung haben. Ein katholischer Eroberer muß zuerst und ausschließlich an die Achtung der göttlichen Gebote denken. Und wenn ihm durch Gott geboten wurde, Spanien von den Mauren zu befreien, dann soll er Spanien von den Mauren befreien, was auch immer die weltlichen Opfer sein mögen, welche diese Befreiung kostet. Lieber ein armes und katholisches als ein reiches und mohammedanisches Spanien.

Kann man einem Fürsten zumuten, das weltliche Wohl seiner Untertanen zu opfern, bloß um der Durchsetzung des Christentums willen? Sollte Spanien wirklich zu einem der ärmsten Länder der Welt gemacht werden, nur damit dort das Christentum herrscht? Sollte man wirklich die Größe Spaniens um der Größe des Christentums willen opfern?

War sich Rivadeneira der Tatsache bewußt, daß sein an den Fürsten gerichtetes Gebot – sich niemals von den Wegen des Herrn zu entfernen, auch wenn er dadurch das Wohl des ihm anvertrauten Gemeinwesens aufs Spiel setzte – kaum Chancen hatte, gehört zu werden? Tatsache ist, daß Rivadeneira den zögernden Fürsten zeigt, was nach der Vertreibung der Mauren mit Spanien passiert ist: Es hat sich der Reichtümer der Neuen Welt bemächtigt und wurde zu einer Weltmacht. Weil es zur Zeit der *reconquista* bereit war, materielle Opfer auf sich zu nehmen, hat Gott es belohnt und ihm erlaubt, eine welthistorische Rolle zu spielen, die es wahrscheinlich nie gespielt hätte, wenn die Mauren in Spanien geblieben wären.

In der Welt Rivadeneiras verschwindet der tragische Konflikt – zumindest dann, wenn man eine mittel- oder langfristige Perspektive einnimmt. Die Aufgabe des politisch Verantwortlichen muß in einem gesamthistorischen Kontext gesehen werden. Er ist nicht nur verantwortlich für die jetzige, sondern auch für die zukünftigen Generationen. Wenn er die göttlichen Gebote mißachtet, dann wird er vielleicht das unmittelbare Wohl der jetzigen Generation erhalten oder fördern, aber langfristig wird Gott sich von einem derartigen Gemeinwesen abwenden. Wenn er die göttlichen Gebote streng beachtet, dann wird er vielleicht das unmittelbare Wohl der jetzigen Generation aufs Spiel setzen, aber Gott wird dafür sorgen, daß es dem Gemeinwesen in Zukunft gutgeht.

Indem er an die Erfüllung seiner moralischen und religiösen Pflichten denkt, denkt der Fürst bei Rivadeneira also auch an die Erfüllung seiner politischen Pflicht. Wenn dieser Fürst seine moralischen und religiösen Pflichten erfüllt, dann wird dies automatisch auch zur Erfüllung seiner politischen Pflicht führen. Der durch die Erfüllung der politischen Pflicht herbeizuführende Zustand ist gewissermaßen die Belohnung, die Gott ihm wegen der Erfüllung seiner moralischen und religiösen Pflichten zuteil werden läßt.

Ganz anders bei Machiavelli, der auch an einer Stelle Gott im Zusammenhang mit der Liebe zum Vaterland erwähnt: „Ich glaube, daß die höchste Ehre, welche den Menschen zuteil werden kann, jene ist, die sie von ihrem Vaterland erhalten: Ich glaube, daß das größte Gut, das man tun kann und das Gott am gefälligsten ist, dasjenige ist, das man für sein Vaterland tut" (TO: 30). Soll man sagen: Die Gerechtigkeit geschehe, möge auch die Welt zugrunde gehen? Oder soll man sagen: Die Welt werde gerettet – mit welchen Mitteln auch immer –, damit die Gerechtigkeit weiter geschehen kann? Machiavelli hat sich für den zweiten Satz entschieden. Und die eben zitierte Passage – wenn man zumindest annimmt, sie stamme aus dem Mund eines überzeugten Christen – legt den Gedanken nahe, als ob auch Gott jene höher schätzt, die ihr Vaterland hier und jetzt schon retten und nicht auf irgendeinen zukünftigen wiedergutmachenden Eingriff Gottes zählen. Der Fürst Machiavellis wird den leidenden Menschen nicht sagen: Ich kann euch jetzt nicht retten, aber eure jetzigen Leiden werden durch das Wohlergehen eurer Nachfahren kompensiert werden.

7. Schlußbemerkung

Begnügte Giovanni Botero sich in seinem 1589 zuerst erschienenen Buch *La ragion di stato* damit, die Lehre Machiavellis auf eine an sich noch relativ sachliche Art und Weise zu kritisieren, ohne gleichzeitig über den Menschen und Denker Machiavelli herzufallen, so hatte Innocent Gentillet dreizehn Jahre zuvor in seinem *Anti-Machiavel* viel herbere Töne gewählt – und Gentillet war nicht der erste, der diese Art der Auseinandersetzung mit Machiavelli einführte. Machiavelli wird nicht nur vorgeworfen, der nötigen Erfahrung, historischen Kenntnis und natürlichen Urteilskraft entbehrt zu haben, um eine echte politische Wissenschaft zu begründen, sondern Gentillet bezeichnet ihn als einen „Ignoranten voller Dummheiten"[9] – und die Liste der Schimpfwörter ließe sich fortsetzen.

Gentillet ist ein Steinchen im Mosaik einer Tradition, die lange dauern sollte. Wer sich kritisch mit den Theorien Machiavellis auseinandersetzte, fühlte sich gewissermaßen verpflichtet, die mehr (selten) oder weniger (meistens) sachliche, und die Absichten des Florentiners respektierende theoretische Auseinandersetzung durch Ausdrücke moralischer Verurteilung zu ergänzen. Die Irrtümer Machiavellis waren keine bloß theoretischen, sondern moralische. Die Fehler wurden nicht in der Logik der Argumentation, sondern im – vermeintlichen – Charakter des Argumentierenden gesucht.

So beginnt etwa Friedrich der Große seinen *Anti-Machiavell* mit der Ankündigung, er wolle „die Verteidigung der Menschheit gegen dieses Ungeheuer wagen, das es auf ihre Vernichtung abgesehen hat".[10] Und aus dem Ungeheuer wird dann sogar „der schändlichste, ruchloseste Mensch dieses Erdballs".[11] Dabei hatte Friedrich der Große einige Zeilen zuvor geschrieben: „Ich verlange nur von Machiavell, daß er seine Forderungen in vernünftigen Grenzen hält; er soll sich klar machen, daß Gutherzigkeit zwar zur Milde führt, aber, wenn es die Einsicht verlangt, auch fest zufassen kann."[12]

Mit dieser Aussage hat Friedrich der Große die Kontroversen um Machiavelli und um sein Werk gewissermaßen auf den Begriff gebracht: Ist Machiavelli nur vorzuwerfen, die Rolle des Bösen in der Politik überbetont zu haben – und zwar sowohl was die quantitative wie auch die qualitative Dimension des Bösen betrifft –, oder sollte man den viel radikaleren Vorwurf an ihn richten, dem Bösen überhaupt eine legitime Rolle in der Politik zugeschrieben zu haben? Indem der deutsche Fürst vom Autor des *Principe* verlangt, „seine Forderungen in vernünftigen Grenzen" zu halten, läßt er erkennen, daß es einerseits für ihn möglich erscheint und sicherlich auch notwendig ist, dem Bösen in der Politik vernünftige Grenzen zu ziehen, und daß er andererseits glaubt, daß Machiavelli das Böse in der Politik nicht der Vernunft unterworfen hat.

In dieser Einführung haben wir versucht zu zeigen, daß man bei Machiavelli durchaus Elemente eines vernünftigen Gebrauchs des Bösen in der Politik erkennen kann. Sein Werk könnte als eine Art Kritik der politischen Vernunft gelesen werden, und man könnte auch bei ihm von einer kopernikanischen Wende sprechen und – frei nach Kant – sagen: Bisher nahm man an, die Einrichtung und Bewahrung des *vivere civile* müsse sich ausschließlich nach der Moral richten; aber viele Versuche, es auf diese Weise einzurichten oder aufrechtzuerhalten scheiterten früher oder später. Man versuche es daher einmal, ob wir in dieser Aufgabe der Politik im allgemeinen nicht besser fortkommen, wenn wir annehmen, die Moral müsse manchmal bei der Einrichtung und Bewahrung des *vivere civile* schweigen, welches so schon besser mit der verlangten Möglichkeit einer dauerhaften Einrichtung und Bewahrung des *vivere civile* zusammenstimmt.

Die erste Perspektive ist diejenige der Fürstenspiegel. In einer nicht idealen Welt kann sie nicht in ihrer Reinheit durchgezogen werden. Die zweite Perspektive ist diejenige Machiavellis. In einer nicht-idealen Welt kann sie zur Hegung der Gewalt führen. Allerdings kann sie dies nur, wenn sie innerhalb der Grenzen des Vernünftigen bleibt.

Zum Schluß möchte ich noch ganz kurz auf die Frage der Aktualität Machiavellis eingehen. Wer in der heutigen Welt glaubt, ohne die Politik, und das heißt ohne die gewaltbereite Macht auszukommen, der irrt. Allerdings darf diese Macht nicht zum Instrument ihrer selbst werden. Die Aufgabe der Politik ist und bleibt die Schaffung einer rechtlichen Ordnung und der Bedingungen der Möglichkeit der Stabilität einer solchen Ordnung. Von der Idee her arbeitet die Politik daran, sich selbst überflüssig zu machen. Nur kann sie sich in unserer Welt nicht überflüssig machen. Mögen auch die rechtlichen Ordnungen noch so schön sein, so müssen doch alle diejenigen – ob Privatpersonen, soziale Gruppen, Völker oder Staaten –, die sich an sie halten wollen, wissen, daß sie sich ohne Gefahr an sie halten können. Und es ist die Politik, die darauf hinarbeiten sollte, ihnen eine größtmögliche Gewißheit zu geben, daß sie sich an diese Ordnungen halten können, ohne von denjenigen überwältigt zu werden, denen nicht am Respekt dieser Ordnungen gelegen ist.

Anmerkungen

Vorwort

[1] Die allgemeine Rezeptions- und Wirkungsgeschichte Machiavellis ist zum Gegenstand vieler Studien gemacht worden, von denen hier nur einige der wichtigsten erwähnt werden können: F. Meinecke, *Die Idee der Staatsräson in der neueren Geschichte.* München 1924; C. Benoist, *Le machiavélisme après Machiavel.* Paris 1936; A. Sorrentino, *Storia dell'antimachiavellismo.* Napoli 1936; R. De Mattei, *Dal premachiavellismo all'antimachiavellismo.* Firenze 1969. Neben diesen allgemeinen, gibt es noch länderbezogene Studien, wie z.B.: A. Cherel, *La pensée de Machiavel en France.* Paris 1935; F. Raab, *The English face of Machiavelli.* London 1964; H. Puigdomènech Forcada, *Maquiavelo en Espana: presencia de sus obras en los siglos XVI y XVII.* Madrid 1988.

[2] Benedetto Croce, *Etica e politica. Contributo alla critica di me stesso.* Bari 1945. S. 251–52.

I. Der Mensch

[1] „Iustitia est constans et perpetua voluntas ius suum cuique tribuens", heißt es gleich im ersten Titel des ersten Buches der von Tribonianus für den Kaiser Justianian verfaßten *Institutionen* (Behrends e.a. (Hrsg.), *Corpus iuris civilis. Die Institutionen.* Heidelberg 1999, 2. verbesserte und erweiterte Auflage. S. 1). Es ist davon auszugehen, daß Machiavelli mit dem römischen Recht vertraut war.

[2] Zum *ambizione*-Begriff in der Renaissancezeit, siehe: C. Varotti, *Gloria e ambizione politica nel Rinascimento. Da Petrarca a Machiavelli.* Milano 1998.

[3] G. Savonarola, *Compendio di rivelazioni. * Trattato sul governo della città di Firenze.* Casale Monferrato 1996. S. 56.

II. Wohl- und schlechtgeordnete Gemeinwesen

[1] Wir können hier nicht im Detail auf die Sozialstruktur der florentinischen Gesellschaft zur Zeit Machiavellis eingehen. Begnügen

wir uns mit dem Verweis auf zwei Bücher: J. Lucas-Dubreton, *La vie quotidienne à Florence au temps des Médicis.* Paris 1958; P. Larivaille, *La vie quotidienne en Italie au temps de Machiavel (Florence et Rome).* Paris 1979.
2 A. Hamilton, J. Madison & J. Jay, *The Federalist or, The New Constitution.* London e.a. 1978 (reprint). S. 41.
3 Zu Savonarola, siehe die ausführliche Studie von D. Weinstein, *Savonarola and Florence. Prophecy and patriotism in the Renaissance.* Princeton 1970. Siehe auch: Marina Marietti, *Savonarole.* Paris 1997. Zum Verhältnis Machiavelli–Savonarola, siehe besonders: A. Fuhr, *Machiavelli und Savonarola. Politische Rationalität und politische Prophetie.* Frankfurt/Main und Bern 1985.

III. Der ordnende Fürst

1 Ch. de Pizan, *Le livre des faits et bonnes moeurs du roi Charles V le sage.* Traduit et présenté par Eric Hicks et Thérèse Moreau. Paris 1997. S. 73–4.
2 F. Guicciardini, *Storie fiorentine.* Milano 1998. S. 197. Dieses Werk Guicciardinis ist 1869, also über drei Jahrhunderte nach seiner Entstehung, zum ersten Mal erschienen.
3 Dieser Vergleich mit einem Fuchs und einem Löwen ist keine Erfindung Machiavellis. Man findet ihn z.B. schon bei Cicero, Plutarch oder Pindar, um nur einige Autoren zu nennen.
4 Eigentlich kannte die klassische politische Philosophie zwei Arten von Tyrannen. Auf der einen Seite gab es den Herrscher, der die Macht außerhalb jeder gesetzlichen Ordnung ergriff, während wir auf der anderen Seite den Herrscher finden, der seine Macht ohne Rücksicht auf die allgemeinen Gesetze ausübt. Beiden ist gemeinsam, daß sie die gesetzliche Ordnung nicht beachten.
5 Cicero, *De officiis. Vom pflichtgemäßen Handeln.* Lateinisch/Deutsch. Übersetzt, kommentiert und herausgegeben von Heinz Gunermann. Stuttgart 1995. S. 139.
6 Ebd.
7 Siehe G. Post, *Studies in medieval legal thought, public law and State.* Princeton 1964. Dort besonders S. 241–309, wo es um das Problem der *ratio publicae utilitatis* im rechtlichen Denken des Mittelalters geht.
8 Diese Schrift ist in einer leicht zugänglichen französischen Übersetzung verfügbar: Pierre de Rivadeneyra, *Le prince chrétien.* Paris 1996. Siehe dort besonders S. 92–93.
9 I. Gentillet, *Anti-Machiavel.* Edition de 1576 avec commentaires et notes par C. E. Rathé. Genève 1968. S. 165.

[10] In: F. der Große, *Werke und Schriften*. Herausgegeben von A. Ritter. Augsburg 1998. S. 773.
[11] Ebd. S. 845.
[12] Ebd. S. 844.

Machiavellis Leben

1469: Am 3. Mai wird Niccolò Pietro Michele Machiavelli in Florenz geboren. Sein Vater Bernardo war Notar und gehörte einer Familie an, die fest im politischen Leben der Arnostadt eingewurzelt war. Machiavelli hatte drei Geschwister: Zwei Schwestern, Primerana und Margherita, und einen Bruder, Totto, der die Laufbahn des Priesters einschlagen wird.

1498: Am 15. Juni wird Machiavelli zum Sekretär der Zweiten Kanzlei, deren Zuständigkeitsbereich die Territorien sind, die unter florentinischer Herrschaft stehen. Faktisch übernimmt Machiavelli die Leitung dieser Kanzlei. Einen Monat später werden ihm auch die außenpolitischen Angelegenheiten anvertraut.

1499: Machiavelli nimmt an den politischen Operationen gegen Pisa teil.

1500: Machiavelli ist von Juli bis Januar 1501 Gesandter beim französischen König Ludwig XII. Auf diese erste Gesandtschaft an den französischen Hof werden noch drei weitere folgen (1504, 1510 und 1511). Tod von Machiavellis Vater.

1501: Machiavelli heiratet Marietta Corsini. Sieben Kinder gehen aus dieser Ehe hervor, von denen allerdings nur fünf überleben werden: Bartolomea, Bernardo, Lodovico, Guido und Pietro.

1502: Im Juni ist Machiavelli ein erstes Mal als Gesandter bei Cesare Borgia. Im Oktober schickt ihn die Signoria ein zweites Mal zu Borgia. Diese zweite Gesandtschaft dauert bis Januar 1503.

1506: Machiavelli unternimmt die Einrichtung einer Volksmiliz. Die *Prima Decennale*, ein längeres Gedicht über die Situation Italiens, erscheint, gefolgt, drei Jahre später, von der *Seconda Decennale*.

1507: Ernennung zum Kanzler der florentinischen Magistratur die sich mit der Miliz befaßt. Im Dezember wird Machiavelli ein erstes Mal an den Hof des Kaisers Maximilian geschickt. 1509 wird er ein zweites Mal an den kaiserlichen Hof geschickt.

1512: Die Medici übernehmen wieder die Macht in Florenz. Am 7. November wird Machiavelli aller seiner Ämter enthoben und erhält Berufsverbot und Hausarrest. Machiavelli mußte eine hohe Kaution hinterlegen.

1513: Im Februar wird Machiavelli verdächtigt, an einem Komplottversuch gegen die Medici beteiligt gewesen zu sein. Er wird eingekerkert und gefoltert. Eine Amnestie und seine Freundschaft mit Francesco Vettori – Gesandter der Medici in Rom – erlauben es ihm, wieder auf freien Fuß gesetzt zu werden. Da aber nicht an die Wiederaufnahme in den öffentlichen Dienst zu denken ist, zieht sich Machiavelli auf sein Landgut von Sant'Andrea in Percussina zurück. Dort beginnt er mit der Niederschrift des *Principe* – der gegen Ende des Jahres fertig ist – und der *Discorsi*.

1514–1520: Machiavelli schreibt die *Discorsi* zu Ende. In den Orti Oricellari hat er die Gelegenheit, seine Thesen mit jungen Florentinern zu diskutieren. In diese Zeit fällt auch die Niederschrift einiger seiner großen literarischen Werke, wie etwa das Theaterstück *La Mandragola*. Ebenfalls in dieser Zeit schreibt Machiavelli sein *Dell'arte della guerra*. Seine Versuche, in den Dienst seiner Heimatstadt aufgenommen zu werden, scheitern alle am Willen der Medici, und dies obwohl der *Principe* einem Medici gewidmet ist.

1520: Auf Vorschlag des Kardinals Giulio dei Medici erhält Machiavelli von der florentinischen Universität den Auftrag, eine Geschichte der Stadt Florenz zu schreiben. Fünf Jahre später nimmt der inzwischen zum Papst Klemens VII. avancierte Giulio dei Medici den ersten Teil der *Istorie fiorentine* in Empfang. Zu einer Fortsetzung der *Istorie* wird es nicht kommen.

1526: Machiavelli wird mit der Leitung der *Procuratori della mura* beauftragt und ist somit für die Festungsmauern seiner Heimatstadt zuständig.

1527: Am 21. Juni stirbt Machiavelli nach einer kurzen Krankheit. Er wird in Santa Croce beigesetzt. Einen Monat zuvor hatten die Medici die Macht über Florenz verloren.

1531: Erscheinen der *Discorsi*. Das Werk erscheint parallel in Florenz und in Rom.

1532: Erscheinen des *Principe*.

Literaturhinweis

Wollte man ein auch nur annähernd vollständiges Verzeichnis der zu Machiavellis Leben und Werk erschienenen Schriften aufstellen, so würde man sicherlich mehr Seiten brauchen, als diese Einführung deren schon zählt. Aus diesem Grund sollen hier nur einige der Standardwerke über Machiavelli angeführt werden sowie einige der Schriften, die in den letzten fünf Jahren erschienen sind. Dort wird der interessierte Leser dann weitere Literaturhinweise finden können.

1. Standardwerke zu Machiavelli (Auswahl)

Chabod F., *Scritti su Machiavelli*. Torino 1964 (Neudruck).
Dotti U., *Machiavelli. La fenomenologia del potere*. Milano 1979.
Garin E., *Machiavelli fra politica e storia*. Torino 1993.
Gilbert A.H., *Machiavelli's ‚Prince' and its forerunners. The Prince as a typical book ‚de regimine principum'*. Durham 1938.
Gilbert F., *Machiavelli and Guiccardini. Politics and history in the sixteenth-century Florence*. Princeton 1965.
Guillemain B., *Machiavel. L'anthropologie politique*. Genève 1977.
Kersting W., *Niccolò Machiavelli*. München 1988.
König R., *Machiavelli. Zur Krisenanalyse einer Zeitenwende*. Erlenbach/Zürich 1941.
Larivaille P., *La pensée politique de Machiavel*. Nancy 1982.
Lefort Cl., *Le travail de l'oeuvre. Machiavel*. Paris 1972.
Muralt L. von, *Machiavellis Staatsgedanke*. Basel 1954.
Münkler H., *Machiavelli. Die Begründung des politischen Denkens der Neuzeit aus der Krise der Republik Florenz*. Frankfurt 1982.
Pocock G.A., *The Machiavellian Moment: Florentine political thought and the Atlantic tradition*. Princeton 1975.

Ridolfi R., *Vita di Niccolò Machiavelli*. Roma 1954.
Sasso G., *Machiavelli*. Band I: *Il pensiero politico*. Band II: *La storiografia*. Bologna 1958.
Senellart M., *Machiavélisme et raison d'Etat*. Paris 1989.
Skinner Q., *Machiavelli*. Oxford 1981.
Strauss L., *Thoughts on Machiavelli*. Glencoe (Ill.) 1958.
Valadier P., *Machiavel et la fragilité du politique*. Paris 1996.

2. Neuere Publikationen (Auswahl)

Bergès M., *Machiavel, un penseur masqué?* Bruxelles 2000.
Berns Th., *Violence de la loi à la Renaissance*. Paris 2000.
Cutinelli-Rendina E., *Chiesa e religione in Machiavelli*. Pisa-Roma 1998.
Cutinelli-Rendina E., *Introduzione a Machiavelli*. Roma-Bari 1999.
Danél A.D., *A case of freedom. Machiavellian Humanism*. New-York/London 1997.
Faraklas G., *Machiavel. Le pouvoir du prince*. Paris 1997.
Godman P., *From Poliziano to Machiavelli*. Princeton 1998.
Goffi J.-Y., *Machiavel*. Paris 2000.
Martelli M., *Machiavelli e gli storici antichi*. Roma 1998.
Ménissier Th., *Machiavel, la politique et l'histoire*. Paris 2001.
Sfez G., *Le prince sans qualités*. Paris 1998.
Sfez G., *Machiavel, la politique du moindre mal*. Paris 1999.
Viroli M., *Machiavelli*. Oxford 1998.
Zarka Y.Ch., *Figures du pouvoir: études de philosophie politique de Machiavel à Foucault*. Paris 2001.
Zarka Y.Ch./Ménissier Th. (Coord.), *Machiavel, ou le nouvel art de la politique*. Paris 2001.

Begriffsregister

Angst 10, 12, 13, 36, 37, 79, 86, 104, 124, 128, 135, 141, 142

Böse, böse 11, 12, 15, 16, 28, 29, 30, 31, 33, 34, 36, 37, 41, 42, 43, 45, 46, 57, 58, 59, 61, 66, 70, 76, 77, 81, 87, 113, 115, 116, 119, 121, 122, 123, 124, 126, 127, 129, 130, 131, 133, 134, 135, 141, 142, 150, 153, 164
Bosheit 23, 28, 29, 39, 42, 76, 125, 126, 129

Diktator 83, 84, 85, 100

Ehrgeiz 11, 16, 36, 40, 42, 53, 54, 55, 56, 57, 58, 59, 60, 66, 68, 81, 86, 90, 94, 95, 97, 99, 103, 107, 108, 115, 116, 122, 123, 126, 128, 129, 132, 134, 135, 139, 141, 142

Fortuna 13, 25, 46, 56, 111, 114, 121, 135, 144, 145, 146, 147, 148, 149, 150, 151, 152, 153
Freiheit 12, 13, 46, 57, 68, 71, 77, 81, 82, 83, 84, 85, 87, 90, 101, 102, 105, 108, 143, 148, 158
Furcht 20, 52, 53, 54, 57, 58, 60, 77, 78, 88, 90, 91, 93, 97, 117, 141, 144
Fürstenspiegel 110, 111, 165

Gerechtigkeit 16, 18, 29, 30, 43, 44, 46, 47, 48, 49, 50, 51, 52, 53, 60, 95, 101, 102, 107, 109, 110, 138, 158, 163
Gesetz 16, 17, 18, 20, 23, 24, 27, 28, 42, 43, 46, 47, 48, 49, 50, 52, 54, 58, 59, 68, 69, 70, 71, 73, 74, 76, 78, 79, 80, 81, 84, 85, 86, 87, 88, 90, 91, 92, 93, 94, 95, 96, 98, 99, 100, 103, 107, 108, 113, 115, 116, 117, 118, 120, 121, 123, 124, 126, 128, 135, 136, 138, 139, 150, 156, 157, 158, 168

Gewalt 10, 11, 12, 13, 28, 41, 50, 51, 57, 60, 74, 77, 80, 81, 82, 84, 86, 91, 101, 103, 107, 114, 115, 116, 117, 118, 122, 123, 124, 128, 131, 132, 133, 135, 141, 142, 143, 153, 165

Kooperation 20, 24, 47, 48, 93

Notwendigkeit 12, 15, 16, 18, 19, 33, 36, 37, 40, 45, 46, 49, 52, 54, 57, 58, 59, 61, 66, 75, 76, 77, 79, 80, 81, 87, 88, 89, 91, 92, 93, 96, 97, 99, 113, 115, 116, 119, 121, 122, 125, 126, 127, 129, 130, 131, 133, 134, 141, 142, 143, 150, 156

Seelenheil 11, 12, 46, 111, 154, 159, 160

Tyrann 30, 84, 111, 125, 128, 129, 130, 153, 154

Undankbarkeit, undankbar 15, 16, 17, 23, 24, 25, 26, 27, 28, 29, 30, 33, 34, 35, 36, 37, 38, 39, 40, 41, 42, 43, 44, 45, 46, 47, 48, 49, 50, 54, 58, 60, 66, 70, 89

Ungerechtigkeit 46, 47, 50, 51, 54, 95, 158

verità effettuale 63, 64, 92, 113, 140, 147

Vertrauen 39, 42, 43, 79, 91

virtù 73, 86, 100, 111, 114, 149, 150, 151, 159

vivere civile 10, 11, 12, 13, 17, 42, 50, 108, 121, 122, 123, 124, 126, 127, 129, 130, 131, 133, 134, 135, 136, 142, 155, 165